中国文化入门

◎ 张西平 主编

外语教学与研究出版社
北京

图书在版编目(CIP)数据

中国文化入门 / 张西平主编. -- 北京：外语教学与研究出版社，2021.9
ISBN 978-7-5213-3061-8

Ⅰ. ①中… Ⅱ. ①张… Ⅲ. ①中华文化－通俗读物 Ⅳ. ①K203-49

中国版本图书馆CIP数据核字(2021)第192411号

本书部分图片来源：视觉中国
　　　　　　　　　@壹图
　　　　　　　　　GAOPIN IMAGES

出 版 人　徐建忠
责任编辑　刘虹艳
责任校对　刘　佳
装帧设计　李　高
出版发行　外语教学与研究出版社
社　　址　北京市西三环北路19号（100089）
网　　址　http://www.fltrp.com
印　　刷　南京爱德印刷有限公司
开　　本　710×1000　1/16
印　　张　14
版　　次　2021年11月第1版 2021年11月第1次印刷
书　　号　ISBN 978-7-5213-3061-8
定　　价　58.00元

购书咨询：（010）88819926　电子邮箱：club@fltrp.com
外研书店：https://waiyants.tmall.com
凡印刷、装订质量问题，请联系我社印制部
联系电话：（010）61207896　电子邮箱：zhijian@fltrp.com
凡侵权、盗版书籍线索，请联系我社法律事务部
举报电话：（010）88817519　电子邮箱：banquan@fltrp.com
物料号：330610001

《中国文化入门》
编委会

主　编：

张西平

各讲编写者：

导　论	张西平
第一讲	石云涛
第二讲	董成龙
第三讲	卓新平
第四讲	蒋文燕
第五讲	吕小蓬
第六讲	高建平
第七讲	刘　托
第八讲	王扬宗
第九讲	黎　敏

目 录

导论 ………………………………… 001

第一讲　源远流长的中国历史 ………………… 009

第二讲　精深广博的中国思想 ………………… 041

第三讲　多元并存的中国宗教 ………………… 061

第四讲　光辉璀璨的中国文学 ………………… 083

第五讲　异彩纷呈的中国戏剧与电影 ………… 107

第六讲　名家辈出的中国书法与绘画 ………… 127

第七讲　各具特色的中国建筑 ………………… 151

第八讲　影响深远的中国科学与技术 ………… 177

第九讲　多姿多彩的中国民俗 ………………… 195

导 论

一、绵延至今的中华文明

今天，人类的文化生活灿烂多彩，科学技术发展迅速，全球化将各个民族和国家更加紧密地连接在一起。而这一切的获得，人类走过了漫长的道路。大约在距今六七千年到三四千年间，在我们地球上的几个不同地区，出现了一批可以制造工具，并有了自己文字的人群，他们创造了人类最早的文化。由此，人类走出了漫长的蛮荒时期，跨入文明的门槛。这就是人类古代的四大文明：非洲的尼罗河流域文明，西亚的两河流域文明，南亚的印度河、恒河流域文明，东亚的黄河流域、长江流域文明。

沧海桑田，在这几千年的人类历史中，古尼罗河流域文明、古两河流域文明和古印度文明都已在历史的长河中停止，同现代文明断裂，只有黄河、长江流域文明所代表的中国文化在绵延起伏的历史中延续，在坎坷中不断发展。至今它仍鲜活存在于中国人的日常生活之中，流淌在中国人的血液里，是中国人精神的依托。中国文化的这种连续性和持久性，在整个人类文化史上是罕见的。这本书向你展开的正是中国文化的精彩之点，展现的是中国人的精神家园、文化世界。

二、中国文化的生存状态

中国文化绵延至今、几千年不断,一个重要的原因是它的地理环境。中国最古老的地理篇目《尚书·禹贡》中是这样描写中国的地理位置的:"东渐于海,西被于流沙,朔南暨声教讫于四海。"西边的高山峻岭、茫茫雪山,东边的一望无际的大海,使中国成为一个相对独立的地理单元。而它的内部则从北到南,腹地纵深开阔,且黄河、长江两大流域平原毗连,为文化的发展和交流提供了有利条件。在这样一个广阔的地域里,中华文明有足够的回旋和施展空间。

同时,中国的复杂多样的地形和气候条件,也使得不同地区人们的生产生活方式和风俗习惯呈现多样化的特点,中国文化也因此呈现出多姿多彩的面貌。对于外来的不同文化,中国文化也能够扬弃地加以吸收、融合,使文化更加有生命力。

三、中国文化的特质

中国文化有哪些特点呢?或者说相对于西方文化和其他文化,中国文化的特质是什么呢?这是一个很难回答的问题,也不可能概括得全面。但我们在介绍中国文化时,还是应就其大略和要点,在相对的意义上,给读者们描绘出一些中国文化的特质。

第一,统一性。

中国文化的一个非常明显的特点是它的统一性。中国文化在几千年的历史中,形成了以华夏文化为中心,同时又凝聚了国内各民族文化的统一体。无论经历多少磨难,这个统一的文化体从来没有瓦解过,其历史从来没有中断过,即使在国家分裂或被外族进犯的时候,也从来没有中断或瓦解过。这样的情形,在整个世界文明的其他文化形态中都是没有的。

中国文化能形成这种延续性和统一性,除了上面所说的地理环境的原因外，文字的统一也是一个很重要的原因。中国的文字从商代的甲骨文到今天普遍使用的楷书、行书，其间虽然有字体的演变，但每种字体之间的联系是清晰可见的。我们可以从现在使用字体的字形一直追溯到甲骨文和金文的字形。在文字的统一方面，当年秦始皇所实行的"书同文"起到了关键性的作用。中国的地域很大，各地的方言缤纷多彩，口音相差很大。但凭借统一的文字，人们可以顺畅地交流，不受地域限制。

文字的统一也使人们在此基础上所表达的文化、思想、学术都有了连续性。当代的中国人可以顺利读懂两千多年前成书的《论语》和《诗经》，老子《道德经》中的很多精彩话语今天仍在被人们广泛引用，《庄子》中的故事仍在一代代地流传，《左传》《战国策》等著作中的历史智慧仍在给今天的人们以启迪，更不用说唐诗宋词、明清小说这些后来的文学作品给中国人的影响。中国人的思想中渗透着这些古代的智慧，中国的文化精神正是通过汉字所书写的文学作品和学术作品，一代代地传承下来。共同的文字，使中国人有了共同的文化传统、共同的民族精神，无论走到哪里，都有着共同的文化记忆。

第二，人文精神。

这里讲的人文精神是相对于其他很多文化的宗教性而言的。中国现代著名学者梁漱溟先生在其《中国文化要义》一书中就将"几乎没有宗教的人生"列为中国文化一大特征。从文化史的角度来看，所有人类的文化都经历过宗教文化的阶段，中国也不例外，中国古代也有对天地自然的崇拜。但中国文化早在商周换代之际就开始了文化重心的转变。由于商纣王的残暴无道，在商与周的决定性大战——牧野之战中，商纣王的军队倒戈，使商朝彻底失败。这不是天不助纣王，而是人不助纣王。周朝建立后，就提出了"敬德保民""先人而后鬼"的治国思想，实行礼乐制度，重视道德教化。从此，中国文化实现了从敬鬼神到重人事的重大转变。到孔子时，这种思想已经成熟，"子不语怪力乱神"，这是说孔子对鬼神的事不太感兴趣，他关心的是人间的生活，关心如何在世俗的生活中实现人生的价值和意义。

虽然，在以孔子思想为代表的儒家思想那里，仍有着对天的敬畏，天仍有一定神圣性，但其主要倾向是很明显的，在儒家那里没有人格神，也不关注生死鬼神这些，孔子说"未知生，焉知死"，儒家关注的是现实人生，重视理性和人本身存在的价值。在这个意义上，儒学是一种关于人生的学问，它作为一种思想影响了中国文化几千年的发展。

在中国，另外一个有着广泛影响的思想派别——道家，与儒家思想互为补充。儒家思想将人作为思想的基点，道家思想则将自然作为思想的基点，将自然作为人生最终的依托和准则。于是，它给中国人展开了人生追求的另一面：人可以像儒家那样在世俗的生活中建功立业，获得生命的价值和意义，也可以在大自然中保持人的淳朴和生命的意义，返璞归真。

"达则兼济天下，穷则独善其身"，是中国古代知识分子的普遍追求。这句话是说，如果人在仕途上很顺利，那就按儒家的追求，为国家和百姓做点事，如果仕途不顺利，那也无妨，就按道家的思想，回归自然，过一种无为而简单的自然生活。这句话点明了儒家和道家在中国人精神上的互补作用。在中国历史上，文人们在仕途落魄、政治失意时，往往是投身到自然中，吟诗作画，躬耕垄亩。中国历史上许多诗人、画家都是通过对自然的描写来表达他们的人生态度，抒发心中之情怀。他们住在乡间，既通过描写自然来抒发内心情感，也通过对自然的感悟来荡涤心胸、纯洁心灵，以达到更美好的人生境界。

对中国的知识分子来说，儒家思想和道家思想分别展开的人世和大自然这两个人生的最大空间，给了他们精神发展的最广阔的天地。人世的锻炼和自然的陶冶，满足了他们在人生的各个阶段和不同境遇的精神需要，这也大大冲淡了他们对宗教的诉求，使人文精神成为中国文化的重要特质。

当然，道教、佛教对中国文化也产生了重要影响，但它们同时也深深受到了儒家、道家思想的影响，形成了有中国自己特点的宗教形态。中国虽有本土宗教和多种外来宗教流传，但不同宗教间能够并行不悖、和平共处，这也是中国文化的非宗教性的一个重要表现，同时也体现了中国文化的包容性。重视理性，注重人文精神和现实人生的价值，一直是中国文化的重要特点。

第三，泛道德性。

中国文化的泛道德性特点，是指在中国文化中，道德居于非常重要的地位，对政治、法律、文学艺术等文化的各个方面都有广泛的影响。中国文化的人文主义精神，其重要表现也是道德理性居于文化的中心，并影响到文化的方方面面。

中国人常讲"修身、齐家、治国、平天下"。做人首先要"修身"，"修身"即提高自身的道德修养。"修身"要不断学习并反躬自省，待人真诚，心态端正，以仁、义、礼、智、信的要求不断完善自己。在家庭中，要以身作则，处理好家庭关系，注意伦理道德，使家庭成员和睦相处、齐心协力。这里的"国"在当时指的是诸侯国、邦国，"治国"是指通过施行仁政、德治让国家得到很好的治理。"平天下"是指安抚治理天下百姓，通过仁政使他们能够丰衣足食、安居乐业，而不是用武力平定天下。"修身"是"齐家"的基础，"齐家"是"治国"的基础，"治国"则是"平天下"的基础。

中国文化中的道德性强调人要发自内心地遵守道德准则，有自己的是非判断，遵从内在的良心，实现自我修养的完善，而不是因为害怕外在的戒律、惩罚措施才决定做什么不做什么。

第四，中庸和谐。

注重中庸、中和也是中国文化的重要特征之一。孔子说"中庸之为德也，其至矣乎"，把"中庸"作为非常重要的道德来看。"中"指言行要把握好度，要恰到好处，不要过分，也不要不及。"庸"指平常或恒常。"中庸"是指待人接物要中正平和、不偏颇，因时、因事制宜。事情往往都有某种限度，超过和达不到这个限度都是不好的。"中和"的思想与"中庸"接近，是指中正、和谐的状态。人的喜、怒、哀、乐等情感活动和言行表现要中正平和、不偏颇，从而达到一种和谐的状态。

对一个人来说，做到中庸、中和，要"温、良、恭、俭、让"，即温和、善良、恭谨、简朴、谦让，要文质彬彬。对国家治理和社会运行来说，也要注意中和的思想。"致中和，天地位焉，万物育焉"，就是说，如果治理者能够体悟并达到"中和"的状态，以此治理天下，天地万物就会处于端正、恰当的位置，和谐、有序，从而实现共同的发展和繁荣。

中庸并不是不坚持自己的原则。《国语·郑语》中有一段史伯的话："夫和实生物，同则不继。以他平他谓之和，故能丰长而物归之；若以同裨同，尽乃弃矣。""和"与"同"不同，"和"是在尊重个体差异的基础上寻求事物之间的和谐共处、相互调和，"同"则是简单的雷同。各种不同的事物和谐地融合在一起，才能产生新的事物。孔子说："君子和而不同，小人同而不和。" 意思是君子与人和谐相处却不会盲目附和，小人盲目附和却不能真正和谐相处，孔子对没有原则、只会附和别人的人提出了批评。

中庸和谐的思想对中国人的为人处世和政治理念都有深远影响，对维护社会秩序、促进社会进步发展起到了重要作用。

第五，天人合一。

在中国人的世界观中，人与自然是和谐统一的。中国古代有个著名的哲学理论是"天人合一"，虽然历代思想家对它的理解和阐释不完全相同，但整体说来，这个理论强调的是人与自然的和谐、统一、协调。

在中国古代的儒家思想中，"天"的概念虽然保留了一定的神圣性，但更主要的是指自然界。孔子说："天何言哉？四时行焉，百物生焉，天何言哉？" 意思是说，天是不会说话的，天以四时运行和万物生长作为它的言说。这里的"天"就是自然界，这个自然界不是机械的、没有生命的、与人分离的，而是一个包含人的生命的有机的生命世界，人与自然是一个整体。孟子说："尽其心者，知其性也。知其性，则知天矣。"认为人性与天是相通的，天与人之间有着相通的道理，通过心的反思可以知本性、知天。

在道家思想看来，天是自然的一部分，人应当顺应自然。老子说："人法地，地法天，天法道，道法自然。"庄子说："天地与我并生，而万物与我为一。"庄子还举了庖丁解牛的故事来说明做事情要了解和顺应事物的自然规律，这样才能得心应手、事半功倍。这些思想都体现了天地和人之间的整体性与内在联系，强调人应当顺应自然，找出自然的规律并按照自然的规律来做事情。

在这种"天人合一"思想影响下，中国人认为，人与自然万物是一体的，而且是平等的，都属于一个大的生命世界。人应当尊重自然，而不是征服自然。这种对自然的理解、认同，也促成了中国人亲近自然、欣赏自然的习惯，从而易于产生对自然的审美和精神共鸣。因此在中国古代，产生了大量优美的歌咏自然山川、花鸟风物的诗歌、散文，中国的文学、艺术也讲究自然之美。"天人合一"的思想对中国人的人生观、自然观、艺术观都产生了重要的影响。

中国文化历经了几千年的发展，近代以来，中国文化虽然经历了外来文化的冲击，在文化形态和内容上都发生了很多变化，也吸收了很多外来文化中的优秀内容，但中国文化中的这些本质性的内容仍然在传承着，深深影响着中国人日常生活的准则和中国人的思维方式、文化性格。随着中国的现代化建设，中国文化也将发展到新的阶段，中国文化中的优秀思想、优秀内容，作为人类思想宝库的重要资源之一，也将继续为人类社会的发展做出积极贡献。

第一讲
源远流长的中国历史

一、概论

中国历史悠久，早在一百多万年前就已有人类生存。自黄帝时算起，中华文明已有约五千年历史。黄帝被尊奉为中华民族的人文始祖。

公元前 21 世纪，中国最早的朝代——夏朝出现。商朝于公元前 1600 年建立，商朝时出现了目前已发现的中国最早的成体系的文字——甲骨文。周朝分为西周和东周两个时期，东周时由于生产力发展和社会变革，思想领域形成百家争鸣的局面。

公元前 221 年，秦始皇建立了中国历史上第一个中央集权的封建制统一王朝——秦朝。汉朝巩固和发展了大一统的局面，经济、文化、对外交流都得到很大发展。三国两晋南北朝时，中国陷入分裂割据局面。隋唐时期重新统一，中央与边疆各族联系更为密切，国力强盛，经济繁荣，

仰韶文化 鱼纹彩陶盆

商 册告卣

文化科技高度发展。宋元时多元文化碰撞交融，经济、科技发展到新的高度。明朝社会经济继续发展，江南地区出现资本主义萌芽。清朝是中国最后一个封建王朝。

1840年鸦片战争后，中国开始沦为半殖民地半封建社会。1911年辛亥革命推翻清朝统治，结束了封建帝制，建立起共和政体。但很快中国进入了军阀割据混战时期。经历国民革命、土地革命、抗日战争和解放战争，1949年中华人民共和国成立，结束了自鸦片战争以来中国社会的半殖民地半封建状态，中国重新独立自主。

新中国成立后，建立起人民当家作主的社会主义制度，进行大规模经济建设。1978年中国开始改革开放，经济快速发展，取得了政治、经济、文化、科技等领域建设的巨大成就。2010年中国成为世界第二大经济体。目前，中国提出"一带一路"倡议，开展与世界各国的经济合作，努力推进经济全球化发展。

限于篇幅，本讲选取中国历史上一些著名的事件和故事进行介绍，这只是中国历史长河里几朵浪花而已。

中国历史年代简表

夏		约公元前2070—公元前1600
商		公元前1600—公元前1046
周	西周	公元前1046—公元前771
	东周	公元前770—公元前256
	春秋时代	公元前770—公元前476
	战国时代	公元前475—公元前221
秦		公元前221—公元前206
汉	西汉	公元前206—公元25
	东汉	25—220

三国	魏		220—265
	蜀		221—263
	吴		222—280
晋	西晋		265—317
	东晋		317—420
南北朝	南朝	宋	420—479
		齐	479—502
		梁	502—557
		陈	557—589
	北朝	北魏	386—534
		东魏	534—550
		北齐	550—577
		西魏	535—556
		北周	557—581
隋			581—618
唐			618—907
五代	后梁		907—923
	后唐		923—936
	后晋		936—947
	后汉		947—950
	后周		951—960
宋	北宋		960—1127
	南宋		1127—1279
辽			907—1125
西夏			1038—1227
金			1115—1234
元			1206—1368
明			1368—1644
清			1616—1911
中华民国			1912—1949
中华人民共和国			1949年10月1日成立

二、盘古开天地的神话

中国跟其他文明地区一样,关于世界的产生有创世神话。据说当天地还没有分开的时候,宇宙的景象就只是黑暗混沌的一团,好像一个大鸡蛋。人类的老祖宗盘古就孕育在这个大鸡蛋中。

这样一直经过了一万八千年,有一天,盘古忽然醒了,睁开眼睛,发现什么也看不见,只是漆黑黏糊的一片。他一生气,抓过来一把大板斧,用力一挥,只听得山崩地裂似的一声响,有些轻而清的东西,冉冉上升,变成了天,有些重而浊的东西,慢慢下降,变成了地。

商 子龙鼎

天和地分开以后,盘古怕它们还要合拢,就头顶天,脚踏地,站在天地当中。天每天升高一丈,地每天加厚一丈,盘古的身子每天增长一丈,这样又过了一万八千年,天升得极高了,地变得极厚了,盘古的身子也长得极长了。

这巍峨的巨人,就像一根长柱子似的,撑在天和地的当中,不让天地重归于黑暗混沌。又不知经过了多少年,后来,天和地的构造已经相当稳固,盘古不必再担心天地会在一起,他实在也需要休息休息。终于,他也和我们人类一样地倒下去死了。

临死的时候,他的周身起了很大的变化:口里呼出的气变成了风和云,声音变成了轰隆的雷霆,左眼睛变成了太阳,右眼睛变成了月亮,手足和身躯变成了大地的四极和五方的名山,血液变成了江河,肌肉变成了田土,毛发变成了花草树木,汗水变成了滋润万物的雨露……盘古用他的整个身体使这新诞生的世界丰富而美丽。

盘古开天地的神话是中国古代人们对于世界产生的解释和想象。中国古代的劳动人民用自己的智慧不但创造了丰富的历史文化,也为后人留下了很多美好的神话传说。

三、大禹治水

大约在四千多年以前,中国的黄河、长江流域住着许多部落,部落会推举贤能的人担任部落联盟的首领。黄帝就是传说中非常著名的部落联盟首领,黄帝时有很多重要的发明创造,黄帝也被尊奉为中华民族的人文始祖。在黄帝之后,又先后出现了三个非常有名的部落联盟首领——尧、舜、禹,他们都是很贤能的人。

尧在世时,出现了大洪水,洪水泛滥,给人们的生活带来了极大的灾难。尧任用鲧治理洪水,但鲧只懂得水来土掩,筑坝抵挡洪水,结果洪水冲垮了堤坝,鲧治水九年,还是没能制服洪水。舜接替尧担任部落联盟首领后,发现鲧治水不力,改派禹去治水。

禹是鲧的儿子,但他非常懂得治水,他改变了他父亲的"堵"的方式,改用"疏"的方式。禹带领老百姓疏通河道、开渠排水,将洪水引向大海。经过十三年的努力,终于成功制服了洪水。

在这十三年里,禹一直和老百姓一起劳动,拿着铁锹带头挖土、挑土,累得磨光了小腿上的毛。禹当时刚结婚不久,为了治水离开家到处奔波。有

浙江绍兴大禹陵

几次路过自己的家门都没有顾得上进去。其中有一次，他的妻子涂山氏生下了他的儿子启，禹从门外经过时听到了婴儿的哭声，也狠了狠心没有进去探望。

禹带领大家治水成功，使人们又恢复了正常的生产和生活。后人称颂他治水的功绩，尊称他为大禹。

舜年老的时候，按照尧年老时候的做法，请大家推荐贤能的人继任部落联盟首领。由于禹的治水功绩，大家都推荐禹。到舜去世后，禹就继任为部落联盟首领。

四、项橐难孔子

孔子

禹去世后，按照禅让的制度，应该是禹的助手伯益做禹的继承人。但禹所在的夏部落拥戴禹的儿子启继承了禹的位子。这样，以前的禅让制被世袭制取代。启建立了中国历史上第一个世袭制王朝——夏朝。夏朝存在了约五百年，被商朝取代，商朝末年，由于商纣王的残暴无道，商朝被周朝取代。周朝先后经历了西周、东周两个时期。东周又分为春秋、战国两个时期，当时由于社会政治、经济的发展，文化已经相当繁荣，出现了对中国后世影响非常深远的儒家、道家、墨家、法家、兵家、名家等众多思想派别和孔子、孟子、荀子、老子、庄子、墨子、韩非子、孙子等众多非常著名的思想家，思想文化领域呈现出百家争鸣的局面。

孔子是伟大的思想家、政治家和教育家，是儒家学派的创始人，被后人尊称为"至圣先师"。孔子的思想以"仁"为核心，认为"仁"是"爱人"，即每个人都应当爱别人。孔子提出"己所不欲，勿施于人""己欲立而立人，己欲达而达人"，自己不愿意做的事情，也不要勉强别人去做，自己想要得到的好处，也应当给予别人。孔子非常重视教育的作用，他授徒讲学，主张"有教无类""因材施教""学而不厌，诲人不倦"，孔子的学生有很多，相传有弟子三千人，其中有名的有七十余人。孔子认为人应当谦逊好学，"知之为知之，不知为不知，是知也""三人行，必有我师焉"。

在中国人心目中，孔子是非常有智慧的人。因此在民间故事中，为了突出某人的聪明，便经常用他作衬托。项橐难孔子就是这样的故事。

据说有一天，孔子坐车出游，路上遇见一群小孩子在做游戏，孩子们用路上的土筑起了一座"城"，有个看上去六七岁的小孩儿坐在城中，俨然像个守城的将军。孔子坐在车上，笑着问这个孩子："孩子，你的城怎么不避开车子？"这个孩子高声说："看您是个有学问的人，难道不知道自古只有车避城，哪有城避车的道理？"孔子无话可说，只好绕过孩子用石头和泥块筑的"城"。

孔子看这个小孩子聪明可爱，忍不住下车来逗他两句："你这孩子，小小年纪，却伶牙俐齿，挺狡猾呢。"孩子回答道："鱼生三天，就会在江海里游泳；兔生三天，就会在郊野里跑跳；龙生三天，就会张牙舞爪；人生三天，就会识别父母。这都是天生自然，有什么狡猾呢？"

孔子喜欢这个孩子，又问他："你家住哪里，姓甚名谁？"孩子顽皮地回答："我家住敝乡贱里，姓项名橐。"孔子想考考这个孩子，说："我再问你几个问题，请你回答我。你知道什么山没有石头？什么水没有鱼虾？什么门没有门闩？什么车没有车轮？什么牛不生牛犊？什么马不生马驹？什么刀没有环？什么火没有烟？什么男人没有妻子？什么女人没有丈夫？什么日子不足？什么日子有余？什么树没有树枝？什么城没有市集？"

项橐不假思索地回答："土山没有石头，井水没有鱼虾，空门没有门闩，用人抬的轿子没有车轮,泥牛不生牛犊,木马不生马驹,柴刀没有环,萤火没有烟,神仙没有妻子,仙女没有丈夫,冬天的日子不足,夏天的日子有余,枯树没有树枝,空城没有市集。"

孔子吃了一惊,心想这孩子真是聪明过人。项橐见孔子一时没有说话,问孔子:"我也请教您几个问题。鹅鸭为什么能在水里浮游?鸿雁为什么能够鸣叫?松柏为什么能够冬夏常青?"孔子回答:"鹅鸭能够浮游,是因为足是方的吧;鸿雁能够鸣叫,是因为脖子是长的吧;松柏冬夏常青,是因为它们的中心是坚实的吧。"项橐摇摇头:"不对。龟鳖能够浮游,它们的足不是方的;青蛙能够鸣叫,它的脖子不是长的;绿竹冬夏常青,它的中心也不是坚实的。"孔子无话可答。

学识渊博的孔子被项橐问得哑口无言,于是连连拱手说:"后生可畏,后生可畏!"孔子无心继续出游,坐上车子,回家继续做学问了。

五、秦赵长平之战

东周的后期称为战国。战国时期,经过多年的兼并战争,后来只剩下齐、楚、燕、韩、赵、魏、秦七个最有实力的诸侯国。秦国一心想击灭其他六国,统一天下。当时赵国是秦国最强大的敌国。赵惠文王执政时,任用蔺相如为上卿,廉颇、赵奢等名将为将军,府库殷实,兵强马壮。

公元前 270 年,秦昭襄王派军越过韩国的上党,向赵国的军事要地阏与发动进攻。赵国派赵奢领兵迎敌。赵奢领兵离开国都三十里即按兵不动,目的是让秦军以为赵军不敢开往阏与前线与秦军作战。秦军果然放松了戒备。赵奢命令赵军以两天一夜的急行军,赶到阏与,占据了北山,居高临下,

战国 繁阳剑

向秦军杀来。秦军大惊，溃败逃回。

公元前260年，秦国进攻赵国的长平。守长平的赵将是老将军廉颇，他筑垒固守，以逸待劳，秦军一直不能得手。这时赵惠文王和赵奢都已去世，赵孝成王不识大局，多次谴责廉颇怯战。秦国得知这一情况，行反间计，收买了奸细在赵国散布流言，说"秦国最怕的是赵国用赵奢的儿子赵括为将，廉颇老了，很容易对付，而且他不久就要投降秦国了"。赵孝成王不知是计，决定起用赵括为将，取代廉颇。

蔺相如表示反对，说："大王要用赵括为将，领兵抗秦，必然打败仗。赵括只会读他父亲的兵书，纸上谈兵，根本不懂随机应变。"赵孝成王不听，仍然任命赵括为将。赵括的母亲来见赵孝成王，说："赵括的父亲做将军时，得到朝廷赏赐的财物，都分给部下，接受出兵的命令后，就不再过问家事了。赵括则不同，受命为将之后，整日举行庆贺，得到的赏赐全拿回家收藏起来，还天天查访合适的田宅要买。父子心志不同，我建议大王不要用他。如果非起用他不可，他打了败仗，请大王不要把我一同治罪。"赵孝成王答应赵母不一同治罪的请求，但没有收回赵括的兵权。

赵括来到前线，统率着四十万大军，声势十分浩大。他一改廉颇的固守战术，大举进攻秦军。秦将白起诈败示弱，引诱赵括进攻，暗中却布置了两支奇兵，袭击赵军的后路。赵括不知秦军的后退是诈败，也不顾后路是否被切断，求胜心切，一直攻到秦军的营垒。但赵军无法攻破秦军的营垒，秦军的两支奇兵又包抄了赵军的后路，赵括前进不能，后退不得，被秦军围困住，只得固守待援。秦国又增派部队到长平，堵截赵国的援军和救济的粮草。赵括待援无望，兵疲粮尽，赵兵忍饥挨饿四十多日。赵括只好出战，他把赵军分作四队，轮番进攻秦军壁垒，始终不能突围。最后，赵括亲自率精兵突围，被秦军射死。赵军失了主将，且伤亡惨重，无力再战，投降了秦军。四十万赵军，在空谈兵法的主帅赵括手里覆没，长平之战成为战国时期最大也是最残酷的一次战役。

长平之战后，秦军连年进攻韩、赵、魏三国。自公元前230年开始，秦王

秦始皇陵铜车马

嬴政派兵先后攻灭韩、赵、魏、楚、燕、齐六国，于公元前221年完成统一，建立了中国历史上第一个统一的封建制王朝——秦朝，嬴政自封为始皇帝，被称为秦始皇。

六、丝绸之路的开辟

由于秦朝统治者的残暴统治，秦朝只存在十几年就灭亡了，代之而起的是汉朝。从汉朝汉武帝的时代开始，中国与域外有了大规模的贸易和文化交流。古代从中国至中亚、南亚、西亚、北非和欧洲的商道，被称为"丝绸之路"。这个词最早是由德国人李希霍芬提出来的，后来被人们广泛使用。

这条商道的东端是中国的西安，古代叫长安，是西汉和唐朝时的都城。从长安出发，经今甘肃至新疆地区，在塔克拉玛干沙漠南北分为南北两道。越葱岭后往西南行，经中亚、南亚、西亚等地区，到达欧洲和北非。这就是通常说的丝绸之路，也是陆上丝绸之路的主要路线。这条路线自公元前二世纪即汉武帝时代得到开辟，到唐代安史之乱后开始走向衰落。

丝绸之路的开辟以张骞出使西域为标志。张骞是中国古代著名的外交家、旅行家和探险家。

秦汉之际，中国北方草原兴起一个强大的民族，即匈奴。匈奴人不断对中原地区汉族人民进行侵扰和掠夺。西汉初年，由于连年战乱后国力衰弱，汉朝在与匈奴人的军事斗争中处于劣势，因此只好采取妥协退让的政策。到汉武帝的时候，汉朝已经建立六十多年，社会安定，经济发展，有了反击匈奴的实力。汉武帝听说在西域有一个民族叫大月氏，跟匈奴有仇，于是就想联络大月氏，夹击匈奴。

他派张骞率一百多人出使西域。在经过匈奴占领的地区时，张骞他们被匈奴发现并扣留起来。张骞在匈奴待了十一年，终于寻找到机会，从匈奴逃出。继续向西去，靠随从射猎维持生命。历尽各种艰险后，他们来到大宛国。在大宛国王的帮助下，找到了大月氏。但这时大月氏人已经西迁于阿姆河流域，生活安定，不想再与匈奴作战。张骞只好返回汉朝复命，途中又被匈奴抓获。匈奴发生内乱，张骞乘机逃脱，回到汉朝。从出发到回来前后花了十三年时间。张骞向汉武帝汇报了他在西域的见闻，使汉朝增加了对西域的了解。

这时汉朝反击匈奴的战争已经取得了很大胜利，汉朝已经控制了河西走廊。汉武帝派张骞第二次出使西域，结交西域国家。张骞带了大量的牛羊和金帛，

张骞出使西域（敦煌壁画）

第一讲 源远流长的中国历史 | 019

顺利地到了乌孙，向乌孙王提出建议两国结交，共同对付匈奴。但乌孙王害怕匈奴，又不知道汉朝有多大，有多远，一时不敢答应。张骞在乌孙等待期间，将副使分别派往大宛（约在今费尔干纳盆地）、康居（约在今哈萨克斯坦）、大月氏、大夏（约在今阿富汗）、安息（约在今伊朗）、身毒（约在今印度）、于阗（约在今新疆和田）等国。过了一段时间，张骞返回汉朝复命，乌孙国送给汉朝几十匹好马，又派使者跟着到汉朝来。

乌孙使者看到汉朝的确是一个强大的王朝，回去向乌孙王报告后，乌孙与汉朝结好。张骞派出去的那些副使也陆续回来，并带来了各国的使者，汉朝与西域各国开始建立起密切联系，并开始进行官方的贸易活动。汉朝每年向西域派出的使团有十多起，多的几百人，少的也有一百多人。近的三四年往返一次，远的要用八九年时间。他们带去了中国的丝绸和其他物品，带回了西域各地的物产。中国的华丽光洁的丝绸尤其吸引了大批西域各国的商人前来贩运。

张骞出使西域，促进了中西方的经济贸易和文化交流。从汉朝的长安出发，西行途中有不少进行贸易的固定的地点，东来西往的商队络绎不绝。这些地点后来有的就发展成为商业都市。东汉时，汉朝彻底击败了匈奴，丝绸之路更加畅通，因此形成了中西文化交流的高潮。此后七八百年间，这条路线一直是中国与西部世界交通和交流的要道。

丝绸之路场景（敦煌壁画）

这条经由中国西

部、中亚、南亚和西亚到达欧洲和非洲的沙漠绿洲之路，也被称为"丝绸之路绿洲路"或"沙漠丝绸之路"，这也是陆上丝绸之路的主干线。另外还有从中国北方经过蒙古草原地带到达欧洲的路线，也是东西方文化交流的通道之一，被称为"草原丝绸之路"。从中国西南部的四川、云南出发到今缅甸、尼泊尔、印度等地的陆路交通线，被称为"南方丝绸之路"。还有一条"海上丝绸之路"，海上丝绸之路既包括从中国沿海出发，经太平洋、印度洋、红海、地中海到西方世界的交通，也包括从中国到朝鲜半岛、日本的海上交通。

"丝绸之路"并不是说通过这条路线进行贸易的只有丝绸，丝绸只是其中一种具有代表性的商品。通过这条路线进行交流的，既有从中国传到其他各地的，也有从其他地方传来的；既有物质产品，也有精神产品。但论传播范围之广、持续时间之久、影响之大，其他物品没有比得上中国丝绸的，因此取名为丝绸之路，为各国学者所接受。

七、诸葛亮七擒孟获

汉朝经历了西汉和东汉两个阶段，东汉末年，群雄争战。后来，曹操平定了北方，曹操去世后，其子曹丕废掉汉朝皇帝，自立为帝，建立魏国。刘备是汉朝宗室的后代，占领了四川、云南等西南部地区，建立了蜀汉政权。孙权在东南部地区建立了吴国，史上也称东吴。

221年，刘备因为东吴占领了荆州（此前由刘备占领）并杀死了自己的重要大将关羽，不听属下劝阻，率大军讨伐东吴，结果被东吴大败，几乎全军覆没。刘备退到今重庆一带，由于又气又悔，病势越来越重，于是将丞相诸葛亮从成都召来，将后事托付于诸葛亮。

诸葛亮是一位非常有智慧和谋略的人，刘备在荆州时"三顾茅庐"将诸葛亮请出。诸葛亮辅佐刘备联合东吴在赤壁之战中战胜曹操，后来又占领了荆州、益州等地。刘备称帝后，诸葛亮担任丞相。

诸葛亮

刘备去世后,其子刘禅即位。朝廷上的事不论大小,都由诸葛亮决定。诸葛亮兢兢业业,治理蜀汉,想使蜀汉兴盛起来,并希望完成刘备的夙愿,即统一全国,恢复汉室。但在这时,蜀汉南部有个豪强,拉拢了当地其他几个豪强,包括南中地区一个少数民族首领孟获,起兵造反。诸葛亮为了稳定蜀汉南部,亲自带兵南征。

诸葛亮离开成都时,蜀汉一个大臣马谡就对诸葛亮说:"南中地势险要,离都城又远,那里的人不服管束已经很久。即使我们现在派兵将他们征服,日后他们还会反叛。我听说用兵之道,攻心为上,攻城为下。您这次南征,一定要让当地人心服,才能一劳永逸地解决问题。"马谡的话正符合诸葛亮的心意,诸葛亮非常赞同。

诸葛亮率军南征,取得节节胜利,很快几个叛乱的豪强就被打败了,只剩下孟获仍在抵抗。诸葛亮得知孟获不但作战骁勇,而且在南中地区少数民族中比较有威望,就想把孟获争取过来。

为了活捉孟获,诸葛亮让蜀军在与孟获交战的时候,故意败退下来,孟获追了过去,很快就中了埋伏,他的士兵四处逃散,孟获本人也被活捉了。孟获以为肯定活不成了,没想到进了诸葛亮大营后,诸葛亮立刻让人给他松绑,还好言好语劝他归降。但孟获不服气,认为诸葛亮是使计才捉住他的。诸葛亮没有勉强他,还带他在营地里转了一圈。孟获说:"我以前不清楚你们的虚实,所以败了。现在我已经看了你们的营地,如果你们的阵势就是这样,我能打败你们。"诸葛亮笑着说:"既然这样,你就回去好好准备一下再来打吧。"

孟获哪里是诸葛亮的对手。他回到自己部落,重整旗鼓,又来进攻蜀军,但还是被诸葛亮捉了。诸葛亮劝他归降,但孟获还是不服,诸葛亮又把他放了。

就这样,诸葛亮将孟获放了捉,捉了放,一共捉了七次。

到孟获第七次被捉住的时候,诸葛亮说还可以再放。但孟获已经不想再走了,他已经被诸葛亮的仁义所感动,流着眼泪对诸葛亮说以后决不再反。

孟获回去以后,带领各部落归降,南中地区重新归蜀汉控制。诸葛亮仍然命令孟获和各部落首领管理他们原来的地区。有人对诸葛亮说:"我们好不容易征服了南中,为什么不另外派官吏来,反而仍旧让他们管呢?"诸葛亮说:"如果我们派官吏来,就要留兵,留下大批士兵,粮食接济是一个大问题。而且这里刚刚打过仗,死伤了很多人,如果留下官吏统治,很容易发生

武侯祠

祸患。现在我们不派官吏，既不用留军队，也不用运军粮，让各部落自己管理，各民族相安无事，岂不更好？"

诸葛亮平定南中，同时精心治理蜀汉，赏罚分明，奖励生产，兴修水利，训练兵马，为北伐中原做好了准备。

八、贞观之治和开元盛世

东汉之后，先是魏、蜀、吴三国鼎立，后来西晋完成了统一。但西晋只存在了五十多年，北方被称为"五胡"的几个草原民族占领，先后出现过十六个政权，被称为"十六国"。晋朝皇室在南方建立政权，史称"东晋"。

北方后来被鲜卑人统一，建立北魏。北魏后来分裂为东魏、西魏，又分别被北齐、北周取代，被称为北朝。

李世民

南方的东晋存在了一百多年。东晋灭亡后，连续出现了宋、齐、梁、陈四个政权，被称为南朝。

后来北方建立了隋朝，隋朝灭掉南朝的陈朝，完成了全国统一。但隋朝第二个皇帝隋炀帝好大喜功，滥用民力，搞得民不聊生，从而导致了全国范围的农民起义。在乱世中，各地军阀也起来争夺天下。原来驻守在太原的李渊也起兵反隋，占领了都城长安。618年，李渊在长安称帝，建立唐朝。唐朝用了几年时间，扫灭了各地势力，重新统一了全国。

626年，李渊次子李世民即位，即唐太宗。李世民具有非常出色的管理和军事才能，在李渊起兵和唐朝统一全国的过程中，发挥了重要作用，手下也积聚了一大批有才能的文臣武将。

李世民曾亲眼目睹隋朝末年由于统治者的暴政导致的农民起义摧枯拉朽的力量，即位后，非常注意吸取隋朝灭亡的教训，励精图治。他能够虚心纳谏、知人善用，进一步完善三省六部制、科举制等制度，重视发展生产，注意节俭。当时政治比较清明，经济得到了较快的恢复和发展，文化也繁荣起来。因为唐太宗李世民的年号是"贞观"，因此史称"贞观之治"。"贞观之治"为后来唐朝的繁盛奠定了重要基础。

当时有个名臣叫魏征，原是李建成手下的官员，由于他颇有才干，尤其是直言敢谏，受到唐太宗的重用。魏征经常直言进谏，指出朝政的过失，唐太宗很信任他。有一次，唐太宗读了隋炀帝的文集，跟身边的大臣说："我看隋炀帝这个人，学问渊博，也懂得尧、舜好，桀、纣不好，为什么做出来的事这么荒唐？"魏征说："皇帝光靠学问渊博不行，还应虚心听取别人的意见。隋炀帝自以为才高，骄傲自满，虽然嘴里说的是尧舜之言，做的却是桀纣之事，从而导致了覆亡。"魏征还提出"兼听则明，偏信则暗"。在后来唐太宗认为朝政已治理得比较好之时，魏征上《十思疏》，希望太宗"居安思危""载舟覆舟，所宜深慎"。魏征去世时，唐太宗非常难过，流着眼泪说："以人为镜，可以明得失"，现在魏征死了，我就少了一面好镜子。

唐太宗去世后，唐高宗继位，后来朝政渐渐地掌握在皇后武则天手中。唐高宗去世后，武则天先后废掉两个儿子中宗、睿宗的皇位，690年，自己正式当了皇帝，成为中国历史上唯一的女皇帝。武则天统治期间，社会经济、文化继续发展，人口快速增长。

武则天去世后，经过几年的政局动荡，712年，她的孙子李隆基即位，即唐玄宗。唐玄宗在位前期，兢兢业业，励精图治。他先后任用了姚崇、宋璟等贤臣为宰相，采取了一系列发展经济、重视民生的措施，如兴修水利、农忙时节不征发徭役、注意节俭等，有助于社会经济的进一步发展。这时，唐朝政局稳定、经济繁荣、文化昌盛、国力富强,达到了全盛时期。由于唐玄宗此时的年号叫"开元",历史上将这段时期称为"开元盛世"。

以唐朝的都城长安为例,当时长安城有百万以上的人口,是当时世界上最大的城市,也是一个繁华的国际性大都会。唐朝与七十多个国家都有往来,在长安城到处可见来自世界各国的使节、商旅、僧侣和留学生。日本先后派了十几次遣唐使来中国,使团中包括留学生、学问僧等,前来学习唐朝的政治经济制度和文化。新罗常年居住在唐朝的留学生有一二百人。长安城内,来自西域少数民族和中亚、西亚的服饰、音乐、舞蹈很流行。唐朝的宫廷宴乐"十部乐"中就有很多外来乐舞。来自中亚、西亚的商人在长安城开了许多酒店、珠宝店、杂器店等。大诗人李白曾有诗句:"落花踏尽游何处,笑入胡姬酒肆中。"唐朝繁荣的经济文化和开放包容的政策使当时中外交流呈现出前所未有的盛况。

但到了唐玄宗统治的后期,唐玄宗开始沉湎于享乐,任用善于逢迎、阴险狡诈的奸臣为相,朝政把握在奸臣手中,日益腐败。755年,"安史之乱"爆发,无数百姓死于战祸或流离失所,社会生产遭到

唐 三彩胡人背猴骑驼俑

严重破坏，后来叛乱虽然平定，但唐朝统治也从此一蹶不振。安史之乱成为唐朝由强盛走向衰落的转折点。

九、岳飞大破金兵

唐朝存在了289年，唐朝灭亡后中国历史进入五代十国时期，这是又一次分裂动荡时期。宋朝又重新统一。宋朝分为北宋和南宋两个阶段。北宋后期，北方女真族建立了金国，南下进犯宋朝。由于北宋末年政治腐败、军事无能，都城开封很快被金军攻破，北宋皇帝也做了俘虏。宋朝皇室在南方建立南宋。为打败金兵，收复北方地区，南宋时涌现出大批抗金名将和抗击金军的仁人义士。其中，岳飞就是非常著名的抗金将领。

岳飞

岳飞是相州汤阴（今河南省汤阴县）人，出身农民家庭。岳飞从小就参加劳动，砍柴、种地。他还喜欢读书、射箭。曾拜射箭能手周同、击枪手陈广为师，学习武艺。他爱读兵书，爱听英雄故事，希望能像书中的英雄那样，为国为民效力。

岳飞24岁时已成为一位文武双全的人才。此时金兵不断南下进犯，岳飞看到金兵烧杀抢掠，心中充满了仇恨，决心抗金救国。他入伍参军，上书宋高宗，力主抗金，被主和派开除，却受到主战派的赏识，将军张所派他到河南地区抗击金兵。他曾在抗金名将宗泽部下担任将领。宗泽去世后，岳飞继续率军与金兵英勇作战，后来率军收复建康，取得重大胜利，也成为南宋独当一面的将领。

1140年，金国命兀术（zhú）做统帅，率领大军分四路攻南宋，宋高宗命主战派将领分路抵抗。经过一段时间的战斗，宋军各路军马纷纷告捷，其中岳飞部取得最大胜利。兀术带领大军，包括几千名被称为"铁浮图"的骑兵、一万五千名被称为"拐子马"的骑兵，与岳飞在郾城决战。"铁浮图"意思是像铁塔一样的兵，这种骑兵连人带马都披有重型盔甲，三个连成一组，从正面进行攻击，"拐子马"是从两翼进行包抄的精锐骑兵，这都是兀术精心训练的部队。岳飞也命令精锐骑兵迎战，又命令一批将士一手持盾牌，一手拿刀斧，低头猛进，专砍马腿。这一仗杀得"铁浮图"和"拐子马"人仰马翻，丢盔弃甲，落荒而逃，取得了郾城战役的重大胜利。

兀术不甘心失败，又调集十二万兵马进攻临颖、颍昌，又被岳家军打得大败。兀术的女婿夏金吾、副统军粘罕索孛堇都被打死。兀术哀叹："我自起兵以来，从没有败得这么惨！"只得率领残部北撤。岳家军胜利进军，到达距离开封只有四十五里的朱仙镇。岳飞向将士们说："打到金国首府黄龙府，我与大家一起畅饮庆功酒！"

岳家军纪律严明。岳飞规定，如有践踏农田、妨碍农事，或与民众交易价格不公的，都要按军法处置。人称岳家军"冻死不拆屋，饿死不抢掠"。岳家军行军经过村子，夜里都露宿在路旁，绝不打扰百姓，老百姓请他们进屋，他们也不肯进去。

岳飞对部下既严格，又爱护。士兵生病，岳飞常常亲自为他们调药。部将到远处驻防，岳飞派人到他们家里慰问他们的家人老小。朝廷赏给岳飞的财物，岳飞全部分给将士们。有人问岳飞："天下何时能太平？"岳飞回答："文臣不爱钱，武将不怕死，天下就太平了。"

每次大战，岳飞都亲到前线指挥或参战。岳飞还很注意军事训练，部队休整的时候，也带着将士们身穿铁甲，冲山坡，跳壕沟，因此战士士气旺盛，战斗力强。每到战场上，岳家军战士都奋勇争先，拼命厮杀，以一当十，打得金兵闻风丧胆，说："撼山易，撼岳家军难。"

十、成吉思汗和元朝的统一

12世纪时,在现在的蒙古草原上,居住着许多蒙古族的部落,他们处在金朝的统治之下。1162年,乞颜部首领也速该去攻打塔塔儿部,捉住了塔塔儿部的首领铁木真兀格。此时正好也速该的妻子诃额仑生下一个强壮的男孩儿,也速该大喜之余,给这个婴儿取名叫铁木真,以纪念他的胜利。

成吉思汗

铁木真九岁那年,父亲带他去朋友家订亲。订亲后,将儿子留在朋友家里,也速该独自回家,路上遇到塔塔儿部正在办宴会。也速该正好肚子饿了,就按照当地风俗,参加了塔塔儿部的宴会。但也速该没有想到,他之前与塔塔儿部有仇怨,塔塔儿部里有人认出了他,在他喝的马奶里下了毒。也速该被毒死,他的部下也离散了。

诃额仑将铁木真接回来,母子靠打猎采集充饥,艰苦的生活磨炼了铁木真的意志。后来,铁木真逐渐将失散的部众聚集起来,由于他作战勇敢,打败了其他一些部落,力量渐渐壮大起来。

由于塔塔儿部得罪了金朝,金朝约铁木真配合进攻塔塔儿部,铁木真趁机消灭了塔塔儿部。后来铁木真又先后打败了克烈部、乃蛮部等实力较强的部落,结束了蒙古各部长期分裂的局面。1206年,铁木真在斡难河(今鄂嫩河)畔召开部落首领大会,被拥戴为全蒙古族的成吉思汗。

成吉思汗即位以后,建立了政治和军事制度,颁布了叫作《大札撒》的法典,又命人制蒙古文字。蒙古汗国力量强大后，便开始了对外征战。成吉思汗先是对金发动了大举进攻，迫使金国求和。然后又率军西征，灭西辽、花剌子模。1227 年，蒙古军队灭西夏。成吉思汗也在这一年去世。成吉思汗去世后，他的儿子窝阔台继位。窝阔台发兵进攻金国，在南宋的配合下灭掉了金国。蒙古军接着又攻打南宋。窝阔台去世，成吉思汗的孙子蒙哥继位。蒙哥派弟弟忽必烈绕道进攻南宋。忽必烈攻入云南，灭大理国。吐蕃地区也归顺蒙古，蒙古军队控制了西南地区。这段时间，蒙古军队还进行了两次西征，征服了远至东欧和西亚的欧亚大陆上大片地区。

蒙哥在攻打南宋时，伤重致死。1260 年，忽必烈即汗位，其后加紧进攻南宋。南宋朝政腐败，抵抗不力，节节败退。1271 年，忽必烈定国号为元，定都大都（今北京）。1276 年，元军攻占南宋都城临安。1279 年，南宋最后一支水军在崖山被元军消灭，南宋灭亡。元朝完成了对全国的统一。

十一、郑和下西洋

元朝后期政治腐败，社会矛盾激化，导致了全国范围的农民起义，元朝统治被推翻。1368 年，朱元璋建立明朝。1405—1433 年，明朝派郑和率领庞大的船队七下西洋，这是当时世界上最大规模的远洋航行。这里讲讲郑和第一次下西洋时的故事。

1405 年，明成祖朱棣派郑和率船队第一次下西洋。郑和的船队有 27000 多人，有大型宝船 62 艘，其中大的宝船长达 150 米左右，宽 60 多米，另外还有粮船、马船、坐船、战船等其他不同功能和型号的船。船队从江苏太仓刘家港出发，经福建沿海，向南航行。

这次郑和船队到达了占城（在今越南中南部）、爪哇、苏门答腊、满剌加、锡兰（今斯里兰卡）、古里（在今印度西南部）等国，然后返回，历时两年多。

郑和船队带着大量金银财物。每到一个国家，郑和都先把明成祖的书信

今人仿造郑和宝船

递交当地国王,将带来的礼物送给他们,希望跟他们友好交往。船队尊重当地的风俗习惯和宗教信仰,抵国问禁,入境问俗。很多国家看到郑和带了这么庞大的船队,态度友好,都热情地接待他们。

郑和船队还与当地官方和民间开展互通有无的货物交易。船队用携带的瓷器、丝绸、茶叶、金属制品等,换回珠宝、香料、药材、珍稀动物等,交易过程遵循公平原则。在古里国,船队和当地在货物交易中采用了击掌定价法。即双方将货物带到交易地点,在官员主持下,双方面对面议价,进行平等交易,谈好后击掌定价,书写合约,决不反悔。

郑和船队到达爪哇时,发生了这样一件事情。当时,爪哇东西二王正在进行内战,东王被杀。郑和船队不了解这个情况,一些人员上岸在原东王辖地进行贸易,西王士兵不分青红皂白,杀害了郑和船队一百七十多人。郑和知道后,没有立即兴兵报复,而是先派人了解情况。当时西王畏惧,也派人

明 青花瓷

请罪。郑和了解到对方是误杀后,将情况报告给明成祖。明成祖责令西王谢罪,赔偿黄金六万两。后来西王以国力有限为由,只赔了一万两。明成祖说:"朕于远人,欲其畏罪而已,宁利其金耶?"(对于远邦的人只要他认识错误就可以了,难道我是看重几个钱吗?)也不再追究了。这件事说明了明王朝和郑和船队宽容的胸怀。

船队经过旧港(在今苏门答腊岛东南部)时,当地有个海盗头目,叫陈祖义,纠集了一支海盗队伍,专门抢劫过往客商的财物。这次听说郑和船队携带了大批财宝,就想向郑和诈降,趁郑和不防备时,动手抢劫。这个计谋被别人得知,告知了郑和。郑和手下有两万多士兵,自然不怕海盗。郑和下令将大船散开,让船上士兵做好准备。陈祖义带着海盗乘几十艘船前来,准备偷袭,不料被郑和的船队团团围住。陈祖义大败,手下海盗被杀,陈祖义也当了俘虏。这也是郑和七下西洋过程中仅有的三次用兵中的一次,为当地除了一害,另两次也都是自卫性质,击败了当地国王或叛乱分子意图对船队的袭击。

郑和第一次下西洋回国时,沿途各国纷纷派使臣到中国来。他们向明朝赠送了礼物,也带来了各国人民的友谊。明成祖希望中国能与远近各国和睦相处,共享太平之福。于是郑和回国不久,再次奉命出使西洋。在 1405—1433 年间,郑和共七次率领庞大船队出使西洋,前后到过 30 多个国家和地区,最远到达红海和非洲东海岸。后来,明朝政府认为这种大规模出使活动花费巨大,给财政造成比较大的负担,停止了大规模的下西洋活动。

郑和下西洋促进了中国和东南亚、南亚、西亚、非洲国家的友好往来和经济文化交流,至今在沿线的很多国家,还流传着郑和下西洋的事迹。

十二、林则徐虎门销烟

1644 年,明朝灭亡,取而代之的是清朝,清朝是中国最后一个封建王朝。清朝前中期,康熙、雍正和乾隆三位皇帝在位时,国力强盛,经济、文化繁荣,被称为"康乾盛世"。到了嘉庆年间,英国商人开始向中国走私鸦片,到道光年间,规模已经很大。很多中国人吸食鸦片,严重损害了健康,也搞得倾家荡产。同时鸦片的走私贸易也导致中国的白银大量外流,造成国家的财政困难。清政府决定禁烟。道光帝任命林则徐为钦差大臣,到广州查禁鸦片。

林则徐在此之前担任江苏巡抚和湖广总督时,就在所管辖区域禁烟,取得成功。1839 年 3 月,林则徐到达广州。在广州当地官员的支持下,林则徐开始收缴查禁鸦片。

林则徐进行了充分的调查,掌握了广州的烟馆、烟商、鸦片走私贸易情况等大量具体资料。在此基础上,林则徐下令查封广州所有烟馆,传讯那些

林则徐和虎门销烟纪念邮票

在对外贸易的商行工作的人员，严厉斥责他们与洋人勾结走私鸦片的违法行为，命令他们把禁止鸦片的布告带回去向外商宣读。布告责令外商将鸦片全部交出，并要书面保证今后做生意时不再夹带鸦片，如有违反，一经查出，货即没收，人即处死。布告限定外商必须在三天内做出答复。同时，林则徐还加强军事防务，以防禁烟引起英国人的军事报复。

走私鸦片的英国商人慌了手脚，但又不甘心将鸦片直接交出。当时在澳门的英国商务官义律专程赶到广州的英国商馆，怂恿英国商人不要交出鸦片，声称珠江口外停着英国军舰，随时准备和中国人开战。他又策划几个大的英国烟贩逃跑，这些人被监视商馆的中国工人发现，被抓获。林则徐向英国商人发出通告，停止中英贸易往来，命令水军严密监视英国舰船的动静，并派兵封锁英国商馆，警告英商如果拒不交出鸦片，将停止商馆的食物供应。义律只好通知英国商人将鸦片全都交出，共计二万多箱，二百多万斤。

林则徐决定将收缴的鸦片当众销毁，并对销烟的办法进行了精心研究。他派人在离广州一百多里的珠江入海口处的虎门海滩，挖了两个长、宽各四十多米的销烟池。池底铺石，前开一涵洞通大海，后通一水沟。销烟时先从沟道引水入池，撒盐成卤，然后将切成小块的鸦片投入卤水中，浸泡半日，再把石灰抛入池中，池水立刻会被烧沸，从而对鸦片进行销蚀。等到退潮时，开放涵洞，使烧毁的鸦片残渣随潮水流入大海。这样可以彻底销毁鸦片。

1839年6月3日，林则徐率广东文武官员，亲临现场监销鸦片。他一声令下，一箱一箱的鸦片被投入池水中，池水沸腾，烟雾升起，一箱箱鸦片被彻底销毁。这一工作持续了二十多天才告结束。人们目睹这一壮举，欢呼雀跃。林则徐销烟的壮举，向全世界宣告了中国人民不向任何外国强权屈服的精神，以及自强不息的精神和无畏气概。

十三、东方红一号卫星的发射

孙中山领导的辛亥革命,推翻了清朝的统治,结束了在中国延续了两千多年的封建帝制,建立了中华民国。但辛亥革命的胜利果实被袁世凯窃取,中国很快进入了军阀混战时期,战乱频繁。1921 年中国共产党成立,与孙中山领导的国民党开展了第一次国共合作,进行了反对帝国主义和北洋军阀的大革命。孙中山去世后,蒋介石取得国民党领导权,改变

东方红一号卫星

了孙中山"联俄、联共、扶助农工"的政策,屠杀共产党人,第一次国共合作破裂。从 20 世纪 20 年代到 1949 年,经历了艰苦的土地革命、抗日战争、解放战争,共产党领导中国人民取得胜利,结束了自 1840 年鸦片战争以来中国社会的半殖民地半封建状态,建立起人民当家作主的新政权。1949 年 10 月 1 日,毛泽东主席在北京天安门城楼向全世界宣告,中华人民共和国成立。

新中国成立后,开始了全面的政治、经济、社会建设。其中,人造卫星的成功发射,就是新中国科学技术进步的成就之一。

1970 年 4 月 24 日,中国第一颗人造地球卫星——东方红一号卫星在酒泉卫星发射中心成功发射,由此开创了中国航天史的新纪元。中国也成为继苏联、美国、法国、日本之后,世界上第五个独立研制并发射人造地球卫星的国家。东方红一号卫星重 173 千克,由长征一号运载火箭送入近地点 439 千米、远地点 2384 千米、倾角 68.5 度的椭圆轨道。它测量了卫星工程参数和空间环境,并进行了轨道测控。它的外观是直径约 1 米的近似球体的多面体,采用自旋姿态稳定方式在太空运行。卫星以 20.009 兆赫频率播放《东方红》乐曲,那是一首歌颂中国人民的领袖毛泽东和中国共产党的乐曲。卫星上采

用银锌电池作为电源，电池的寿命是有限的，卫星运行 28 天后（设计寿命为 20 天），电池耗尽，《东方红》乐曲停止播放，卫星结束了它的工作寿命。但是，卫星的轨道寿命没有结束，根据其轨道计算，在没有任何意外的情况下，它大约能在太空运行数百年。

1956 年，中国把开发火箭技术纳入国家十二年科技发展规划。1958 年初，著名科学家钱学森等积极倡议开展人造卫星的研究工作。毛泽东主席也在 1958 年发出"我们也要搞人造卫星"的号召。中国科学院开始了人造卫星研制的规划工作。到 60 年代中期，随着中国运载火箭技术和高空物理研究等取得重大进展，以及在 1964 年，中国相继成功发射了第一枚弹道式导弹、爆炸了第一颗原子弹，中国具备了研制人造卫星的能力。到 1965 年，中国正式将发射人造卫星列入国家重点项目。

由于国外的经济和技术封锁，当时科研条件十分艰苦。研制卫星需要大量的计算，而当时这些计算是靠人工一点点算出来的。科技工作者们手上比较先进的计算设备是自动计算器，更多的是半自动手摇计算器，任务急的时候连算盘都用上了。但他们埋头苦干，奋发图强，完全依靠自己的力量，克服了一个个技术上和各方面的困难。1970 年 4 月 24 日，东方红一号卫星成功发射。这颗卫星的重量 173 公斤，比已发射卫星的前四个国家发射的第一颗卫星重量之和还要重。在很多技术领域，东方红一号也超过了上述国家第一颗卫星的水平。东方红一号卫星总体设计负责人孙家栋院士曾经回忆说："那个年代，能把第一颗卫星送上天，每一个螺丝钉都是中国自己搞的。"

第一颗人造卫星成功发射后，中国在人造地球卫星研制方面不断发展。1975 年，中国第一颗返回式卫星成功发射并成功返回，标志着中国成为世界上第三个掌握返回式卫星技术的国家。到 2020 年，中国已经成功研制并发射了几百颗人造地球卫星，包括科学探测与技术试验卫星、通信广播卫星、气象卫星、导航定位卫星、对地观测卫星、中继卫星等等。2020 年 6 月 23 日，北斗三号全球卫星导航系统最后一颗组网卫星在西昌卫星发射中心点火升空。从 1994 年开始"北斗"导航系统的建设，经过 26 年的奋斗，北斗三号全球卫星导航系统在 2020 年建成。北斗三号系统能够为全球用户提供基本导航（定位、测速、授时）、全球短报文通信、国际搜救服务，中国及周边地区用户还可享有区域短报文通信、星基增强、精密单点定位等服务。55 颗卫星组成的"北斗"也成为真正意义上的"全球卫星定位系统"，为人类提供服务。

十四、中国高铁

1978 年，中国开始改革开放，经济和科技迅速发展。高铁就是近些年中国经济和科技发展的成果之一，高铁的发展也是社会发展的一个缩影。

"高铁"是高速铁路的简称。在中国，高铁是指设计开行时速 250 公里以上（含预留）、初期运营时速 200 公里以上的客运列车专线铁路。2007 年，中国铁路进行第六次大面积提速，时速 200 公里及以上的动车组列车开始在部分线路运行。2008 年，从北京到天津的京津城际铁路开通运营，运营速度可达 350 公里/小时。2009 年，设计时速为 350 公里的武广高铁正式通车运营。中国正式进入高铁时代。此后，中国的高铁迅速发展，众多高铁线路开工建设、开通运营。到 2017 年，中国高铁"四纵四横"的网络基本建成，在中国东部、中部、西部和东北地区，高铁都实现了互联互通，在长三角、珠三角、环渤海等城市群，高铁已经连片成网。在 2017 年，中国拥有完全自主知识产权、达到世界先进水平的动车组列车——"复兴号"开始上线运营。截至 2020 年底，中国铁路营业里程达到 14.63 万公里，其中高速铁路运营里程达 3.79 万公里。

高铁的建设，让人们的出行时间大为缩短。在高铁开通之前，如 2000 年左右，人们坐火车出行，一般是乘坐时速可达 100 多公里的快速旅客列车或特快列车。那时，一段约 1000 公里的路程，人们一般要坐约 10 个小时火车，而更远的路程，坐一整天或两整天火车是非常普遍的事情。但现在坐高铁，1000 公里的路程一般只要 4 个多小时就可以到。从北京到上海 1000 多公里，坐京沪高铁最快 4 个多小时就可以到。从北京到重庆，以前最快的特快列车也要 20 多个小时，普快列车要 40 多个小时，而现在高铁只要 12 个小时左右就能到达。

高铁的建设也大大改善了人们的出行体验。过去，每到"十一"假期或春节前后的"春运"期间这种长途出行的高峰时期，"抢票"和"挤火车"都是让人们非常头疼的事情。尤其是春节前后，在外地工作、学习的人都要回家过年，每年春运期间铁路会有几亿人次的出行量。巨大的出行需求使运输系统面临很大压力。人们为了购买回家过年的车票和回程票，常常要在火车站或车票代售点的窗口前彻夜排队，仍"一票难求"，很多人为了回家，只要能买到"站票"也可以。很多人都有在拥挤的火车上站十几个小时的经历。近十年，随着高铁和整个铁路网的建设，铁路运力大为提升，现在很多线路每天开行多对高铁列车，大大缓解了一票难求的情况。同时，2011 年

"复兴号"高铁列车

中国开始实行火车票实名制，并且火车票可以通过互联网和电话订购，人们不用非要到火车站或代售点窗口购票，改变了以前人们为了买票长时间排队的情况。各地新建的车站宽敞、设施齐全，高铁列车车厢设施先进、环境整洁，这些都大大改善了人们的进站、候车、乘车体验。现在，人们通过手机APP不仅可以快捷地完成购票、退票、改签等业务，还可以在线选座、预订餐饮、刷电子客票进站、在线约车等，高铁服务的智能化也在不断发展。

中国改革开放四十多年，人们从挤响着汽笛、冒着黑烟的绿皮火车，到坐安全舒适、环境整洁的"复兴号"动车组列车，从动辄10多个小时、20多个小时的火车旅程，到四五个小时、不用10个小时就可以到的"说走就走"的旅行，从拎着大包小包艰难地赶火车、挤火车，到可以在现代化的车站较为悠闲地上火车，从要在寒风中通宵排队买票，到可在手机上完成这些操作。中国铁路尤其是高铁的发展，也是中国社会这些年发展的一个缩影。高铁的发展也促进了沿线旅游业、工农业的发展，尤其是中西部地区高铁的建设，对带动中西部地区经济社会发展起了重要作用。

中国高铁技术先进、运营稳定，也得到越来越多国家的肯定与赞誉。中国高铁也走出了国门，凭借质量和成本优势，开始进入很多国家的铁路建设市场。快速发展的中国高铁也成为一张亮丽的中国"名片"，在改善中国人的出行便利度的同时，也帮助别国的基础设施建设和现代化交通的发展。

第二讲
精深广博的中国思想

一、概论

在几千年的历史上,中国人形成了非常丰富多样的思想。仅从有影响力的哲学思想流派来说,中国历史上就有很多各持观点、各具智慧的思想派别。横向地看,面对自然、社会、人生的核心问题,同一时代的人们会有很多不同的看法;纵向地看,各个时代的代表性思想也不是一成不变的,从先秦到清朝,即使面对相同的问题,不同的时代也会流行不同的阐释。

为了方便读者对中国古代哲学思想的特点有基本理解,我们将先概括中国思想最关切的核心问题,以这几个问题为主线,纵向地梳理中国思想各个发展阶段的代表性主张。我们认为,中国哲学思想探讨的核心问题可以归纳为三个:天人关系、古今之变、人性与人世。

第一,天人关系。这里的"天"首先指自然之天,相对于大地和人畜;进一步指的是被认为的统管天、地、人的最高意志。所谓天人关系,在第一种意义上指的是人与自然界的空间关系和生态问题,在第二种意义上指的是人与自然法则的内外关系和生命问题。

天、地、人三者之间的关系构成了春秋战国时期百家争鸣的关键问题，也是此后中国思想各种流派都要回答的基本问题。历代思想家历史观与政治立场的不同，都可以在其中找到根基。

第二，古今之变。"古代"和"现代"都是相对而言的，孔子相对于今天的我们是"古代人"，但在他生活的春秋末期，就是"现代人"。他看到了周朝秩序的衰微这一"古今之变"，他的"现实感"带动他周游列国、言传身教。

"古今之变"不仅包含古代和现代的差异，还包含古今之争。中国思想从先秦时就开始有古今之争。关于古今优劣的判断，决定了当下的人们如何对待过去、现在和未来，与之密切相关的就是，为政者要效仿先王还是革故鼎新。

第三，人性与人世。人的自然本性是善还是恶，对这一问题的判断不同，自然会得出迥异的政治安排和教化方式，即选择施行德政还是刑政，用礼治还是用法治。其中，"德""刑""礼""法"等概念不可不辨。

春秋战国时期，社会动荡变革，面对社会上的各种问题，有识之士著书立说、讲学论战，发表各自的见解，形成了各种思想流派，出现了思想领域里"百家争鸣"的局面。这些人也被称为"诸子百家"，称其"百家"是表示思想流派的丰富。对中国后世最有影响的哲学思想流派，基本都产生于此时。最有影响力的有儒家、道家、墨家、法家、名家、阴阳家、兵家、纵横家等等，其中又数儒家、道家、墨家和法家对后世的影响最大。

二、孔子与儒家

"儒"最早是指在贵族中掌管道德教化、音乐礼仪的官员，如巫、史、祝、卜等，那时候还不是一个学派的名称。孔子（前551—前479）是儒家学派的创始人。《论语》一书记载了孔子及其弟子的言行。孔子授徒讲学，由于其弟子众多,孔子思想的影响力也逐渐扩大。战国时期,经过孟子、荀子等人的继承和发展,儒家成为当时影响力很大的思想流派。法家重要代表人物韩非子(约前280—前233)就说,春秋战国时期儒、墨两家是"显学"。

孔子是春秋末年鲁国(都城在今山东曲阜)人,面对礼乐秩序的崩坏,他认为人们内在的德性能够造就社会的德治。所以他周游列国,一方面提出政治建设方案,另一方面指出,要想政治清明,比制度设计更根本的是教化。

孔庙

首先要得到教化的是君主。在孔子看来,君主的模范是尧、舜,还有周文王、周武王,后世的君主都要向他们看齐。除了教化君主,孔子还着眼于教化君子。孔子去世后,他的弟子及再传弟子将孔子及其弟子的言行记录成书,即《论语》。《论语》共二十篇,第一篇就讲"学""好学"和个人修养等,第二篇才讲"为政"。孔子希望人们能成为有学问、有道德的君子。孔子说"君子食无求饱,居无求安,敏于事而慎于言,就有道而正焉,可谓好学也已","见贤思齐焉,见不贤而内自省也"。因此孔子非常重视教育,并创办了较大规模的私学。

孔子认为君子应该学会六种技艺:礼(仪式规章)、乐(举行礼仪时的音乐)、射(射箭)、御(驾车)、书(书写)、数(计算)。

他认为要想成为有"德"的君子,就要立"志",通过六艺的学习,成长为守"礼"的"仁"人。这四个概念可以说是孔子学说的基本内核。在孔子看来,仁爱成就人际关系的伦理纽带,能够巩固社会秩序。"志士仁人"这是内在的自我要求,"德"和"礼"是外在的要求。孔子希望的政治也是

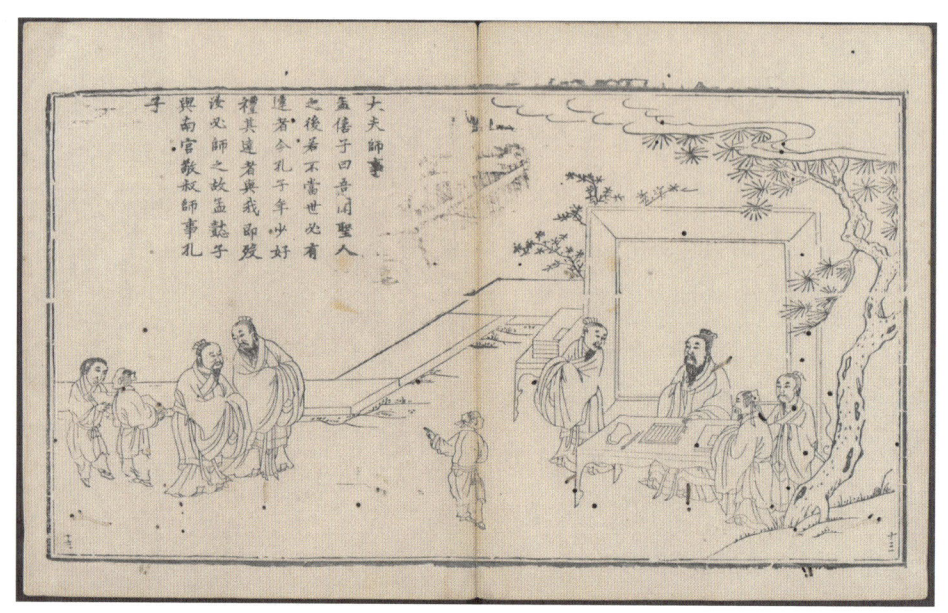

孔子游列国（雕版印制）

"由内而外"的德政和礼治。

孔子非常重视"仁"。孔子认为仁是"爱人"，每个人应当由爱自己的父母亲人，推己及人地爱别人。也就是要实行"忠恕"之道，"己所不欲，勿施于人"，"己欲立而立人，己欲达而达人"。自己不愿意去做的事情，也不要勉强别人去做；自己想要的好的事情，也要考虑到别人也有这个愿望，在实现自己愿望的同时，也要尽力帮助别人。

孔子非常看重教育，他的很多教育理念到现在还非常有价值。如孔子主张"有教无类""因材施教""学而不厌，诲人不倦"，提出学习与思考结合，培养学生举一反三的能力，认为"知之者不如好之者，好之者不如乐之者""知之为知之，不知为不知，是知也"。不同的学生提出表面上类似的问题，他也能够辨认其背后不同的问题意识，从而给予个性化的答复。

孔子还提出了"中庸"的思想。孔子说"过犹不及"。即处理事情的时候要把握好度，不要过分，也不要不及，要因时、因事制宜，过分和不及都是不好的。孔子认为："君子和而不同，小人同而不和。""和"是在保留个体差异基础上的和谐共处,"同"则是简单的雷同。君子与人和谐相处却不会盲目附和,小人盲目附和却不能真正地和谐相处。

三、孟子与荀子

战国时期,儒家产生了两位儒学大师——孟子和荀子,都对后世有重要影响。

孟子(约前372—前289),名轲,邹国(在今山东邹城)人。在孟子的时代,墨家与杨朱的思想非常流行。墨子主张"兼爱",孟子担心这样下去就没有亲疏分别了,儒家强调的人伦秩序也会瓦解。与墨子截然相反,杨朱主张人人"为我",孟子看到这是自私自利,而儒家的主张是要利天下,杨朱的格局就显得太小了。

孟子

孟子主张性善论。孟子认为人性本善,人天生具有"恻隐""羞恶""辞让""是非"之心,这也正是仁、义、礼、智四种美德的萌芽。孟子发扬了孔子关于"仁"的思想,认为仁是人与禽兽在本性上的差异。孟子认为人应当将仁爱推己及人、推而广之,"老吾老,以及人之老;幼吾幼,以及人之幼"。

政治思想上,孟子追求"仁政"。孟子认为,作为君主,应当宽厚待民、关心民生,通过"制民之产"、勿夺农时、减轻赋税等政策,使百姓安居乐业,并且发展对百姓的教育和道德教化。孟子还提出"民为贵,社稷次之,君为轻"。人民的地位

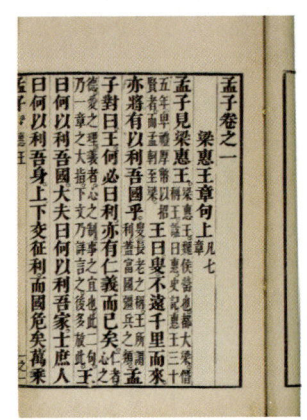

《孟子》书影

最为重要,其次是朝政,最后才是君主。孟子很注重人的作用,所以他说"天时不如地利,地利不如人和"。在做事时,要考虑人的因素,而不要过分依赖于外界。当然这里并不是说人一定会战胜天时和地利所代表的自然法则,而是说人应该把成败系于自身,最大限度地发挥自身的能量。

孟子重视人的内在精神的修养,提出要"养浩然之气"。"其为气也,配义与道""集义所生",这是一种由内在的道德修养而体现出来的精神力量。孟子强调内在秩序的重义和外在秩序的仁政,这种儒学可以视作心性儒学。相比于内在的"心性"而言,荀子更注重"外王",这种儒学被视作政治儒学。

荀子(约前313—前238),名况,战国末期赵国人。荀子对于人性的看法与孟子相反,认为人的本性是恶的。"人之性恶,其善者伪也","伪"在这里是"人为"的意思。人性是恶的,所以要靠后天的力量来使人成为善的,即要靠礼乐教化,"师法之化,礼义之道"。

荀子

荀子认为,圣人做的就是"化性起伪",通过制作礼义,矫正人性,从而营造政治秩序。他有两个著名的徒弟,韩非子和李斯,他们都把荀子强调的"礼"转换成"法"。从中我们也可看到,诸子百家之间不是完全没有交集的平行线,儒家学派发展到荀子就已经与法家有交汇了。

荀子还指出自然界的运行有其特定规律,无论是圣君尧还是暴君桀,谁的主观意志都无法改变自然的运行规律，因此社会治乱的根本还是在于人。荀子认为人可以发挥自己的能动性，认识、利用自然，"大天而思之，孰与物畜而制之！从天而颂之，孰与制天命而用之！"

四、道家

老子和庄子是春秋战国时期道家思想的代表人物，代表他们思想的作品分别是《老子》（《道德经》）和《庄子》。

老子是春秋时期人，道家学派的开创者。相传孔子曾经向他请教过周礼。老子思想中，最为重要的一个范畴是"道"。"道"既是万物的本源，"道生一，一生二，二生三，三生万物"。同时也是事物发展的规律，"人法地，地法天，天法道，道法自然"，道顺应着自然界的规律，天地万物都是自然而然地运行发展着。

老子

针对当时社会的纷乱复杂，老子主张退回到人类的原初状态，那是他所理解的接近"自然"的状态。

道家学派可能不同意今天人们的技术改善生活的观念，从道家思想的角度来看，人力的智能开发诚然会帮助人们过上物质更丰富的生活，但人们也有可能利用这些技能作恶，更有甚者，可能借用美善的名义作恶。在这个意义上，老子反对提倡"仁、义、礼、智、信"。老子不是认为它们不好，而是在老子看来，可能会有恶人利用这些正面

郭店竹简《老子》

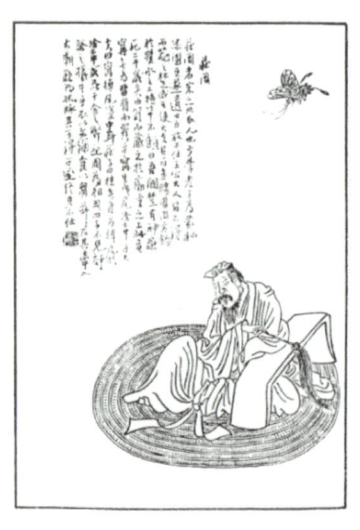

清 任渭长《高士传》画像之《庄周》

价值来作恶，因此他不希望提倡它们。

老子反对人们培育心智，害怕人们用心智做好事，但其实更多地是想预防用心智做坏事。为了从根本上杜绝人们作恶，老子主张人们干脆放弃社会分工，过一种小国寡民的生活，不相往来。不参与社会分工，也就没有大规模的生产，这就回到了初民的田园生活，大家"无为而治"。这么看，老子的主张并不全然是一种乌托邦式的设想，也表现出他的思考和历史观。

《老子》一书中有很多辩证法的智慧。比如《老子》中说"有无相生，难易相成，长短相较，高下相倾，音声相和，前后相随""祸兮，福之所倚；福兮，祸之所伏"。指出世间万物都在不断的运动变化中，矛盾的双方有可能向相反的方向转化，我们也要以发展变化的眼光看待事物。老子所说的"大直若屈，大巧若拙，大辩若讷""大音希声，大象无形"等，对于中国人为人处世的方式和审美观念都有着深远的影响。

庄子（约前369—前286）善于运用寓言的方式来讲道理。《庄子》一书中有很多精妙的寓言和神奇瑰丽的想象。在庄子看来，万事万物从根本上来说都是齐一的，事物对立的两个方面相互依赖并不断转化，并没有实质的区别，彼此、物我、有无、生死、是非、贵贱，这些看法都是相对的、表面的，因此，人应当破除执著，达到"道通为一"的状态。庄子寻求的最理想的境界是"无己、无功、无名"，超越了功名事业、个人名誉的没有束缚的心境。在战国那个战乱频仍、社会动荡、各家各派争相发表见解的年代，庄子不认同那些执著于分辨是非对错、好胜心强的做法。但庄子的思想也夸大了事物的相对性，没有看到是非对错的存在和事物转化的条件，容易导致不可知论。

庄子认为人们做事应当顺应自然。在《庄子·养生主》里，庄子讲了"庖丁解牛"这个故事。正因为庖丁找到了牛的身体结构规律，解牛时依据这个规律，过程就变得很顺利，达到事半功倍的效果。庄子还提出了"心斋""坐忘"等内心修养的途径，即以虚静空明的心境去感应万物，让精神能真正地感知自然，"同于大通"，达到安适、自由无碍的境界。庄子的思想对后世知识分子的精神世界和文学创作中的审美意识都有着重要影响。

五、墨家

墨家学派的创始人是墨子。墨子（约前468—前376），名翟，是战国初期宋国或鲁国人。墨子跟儒家一样，也崇尚尧、舜，不过他对勤勉治水的大禹更青睐有加。

墨子要追求的是"天下之大利"，这一点与儒家接近，但是他采取的办法是打破人与人之间的"别"，提倡"兼爱"，希望避免因为亲疏关系造成的分别。因为一旦有分别，就可能出现利益冲突，最终导致战争。

除了用"兼爱"来打破人伦差异之外，墨子还

墨子

主张节制，节省开支，不要耽于声乐之美，也不要厚葬逝者。因为不节制会造成人力、物力、财力的巨大浪费，而且会形成等级划分，造成上下高低之别，节制也可以减少上下纷争。这样看来，墨家虽然反对儒家的礼乐，却是想用相反的方式实现同一个目的——建立稳固的社会秩序。

墨子主张节制并反战，这都不容易做到，他和弟子以身作则，而墨家也以严格的内部纪律著称。在诸家之中，墨家组织最为严密，有明确的首领，形成了很有组织纪律性的团体。正因如此，墨家虽然反对战争，但颇具战斗力，曾有为守城而战死数百人之事。

秦朝统一天下以后，墨家学说就销声匿迹了。直到清朝，才慢慢有人开始整理《墨子》一书。到了晚清，一些知识分子重新发掘阐释墨家思想，墨子的一些思想才又重新被人们注意。

六、法家

从表面上看，道家与法家是两个极端，道家要回到人类最初的起点，而法家则念念不忘改造当下，要让每一代人的当下都达到历史发展的新高度。

战国时代的法家主要有两个发源地，一个是西边的三晋（晋国分裂为韩赵魏三国，故称三晋），一个是东边的齐国。齐国法家相对注重民生，三晋法家则又细分为"法""术""势"三派。

商鞅（约前390—前338）更看重的是人臣应当严守峻"法"，他推动的变法使秦国富强，代表作是《商君书》。申不害（约前385—前337）强调君主的统治"术"。慎到（约前395—约前315）则突出统治者"势"的作用，主张顺势而为。

韩非子集三派之大成，我们可以在《韩非子》中看到他成体系的法家之论。他和李斯都是荀子的学生，但韩非子进入秦国后，被李斯陷害而死。李斯后来成了秦朝的丞相。秦国自商鞅变法以来以法家思想为统治思想，注重农事和军事，国力不断增强，但不施行仁义。秦始皇嬴政统一天下建立秦朝之后，继续按法家思想治国，迅速灭亡了。

法家的政治主张根植于其对人性的判断，他们认为人们都好利忘义，因此必须得用法、术、势等手段引导或控制人们的欲望。

法家往往主张君主无为，但不是让君主不参与政事，而是不让君主从事具体事务从而表露心迹或暴露弱点，同时还可避免因为具体结果不好而遭遇指责，使君主不会因为日常政治生活的行为而受贬损。

可见，韩非子不仅集成了法家各派别的思想，还吸收了一部分道家"无为而治"的思想。但道家与法家虽然都提到"无为而治"，内涵却很不相同，这跟他们的人性观、历史观不同有很大关系。

韩非子

《韩非子》书影（明刻本）

道家是希望人们回到悠远的初民状态，顺应自然，相安无事；法家则主张随着时代的变化而变法，他们不愿意师法先王，只愿意追随后王，告别过去，不断迎接新的时代和君主。

七、名家

名家着重讨论"名"与"实"的关系问题，在当时也被称为"辩者"，主要代表人物是惠施（约前370—约前310）和公孙龙（约前320—前250）。

惠施自己的作品《惠子》已经失传，不过《庄子》《荀子》等书记载了他的一些言行。比如《庄子·天下》就记载了他的十个命题。惠施提出了"合同异"的命题，认为事物之间一般的同异，是"小同异"，而"万物毕同毕异，此之谓大同异"，即从万物一体的角度看，万物是相同的，但从每个个体看，它们又是各不相同的，因此，我们可以说万物都相同，也可以说

明 陈洪绶《隐居十六观》之《访庄》

万物都不同，同和异也是相对的。

公孙龙的著作是《公孙龙子》，现在只存部分篇章。他最有名的两个论题是"离坚白"论和"白马非马"论。他发现，人们通过触摸，只能感受到石头的"坚"，却无法得知它是"白"的；而人们看到石头，会发现石头是"白"的，却不知道它是"坚"的。既然不能同时得知二者，那么"坚"和"白"就是分离的，可以脱离具体事物而单独存在。公孙龙的"白马非马"论认为，"白"说的是颜色，"马"说的是物种，而且"白马"和"马"是两个不同的概念，简单说来是存在特殊和一般的区别，因此不应混淆。

八、阴阳家

战国时期阴阳家的代表人物是邹衍（约前305—前240），齐国人。他的著作已经失传，但我们通过司马迁《史记》和其他一些著作可以看到他的一些思想。

在空间上，邹衍提出了"大九州"的世界想象，那是一个非常宏大的空间。邹衍认为禹统治的九州是小九州合成的一个大州，名之曰"赤县神州"，而"中国（赤县神州）"其实只是真正"天下"的八十一分之一。

在时间上，邹衍提出了"五德终始说"。他认为土、木、金、火、水这五种物质元素相生相克，这种自然法则又可作用到政治领域，每个王朝都有自己对应的元素，王朝更替也意味着元素的变化。按照这个理论周朝对应的元素是火，秦始皇受这个理论影响，将秦朝定为水德，而到了汉朝时，汉武帝又把汉朝定为土德王朝。邹衍的这套理论，对两汉时的谶纬学说产生了重要影响。

九、经学

秦朝统治者奉行法家思想，采用严刑峻法，引发民怨，最终丢失政权。

董仲舒

汉朝取代秦朝后,汉初几十年间,统治者奉行道家思想,尽量少定政策,不折腾,与民休养,补救秦朝造成的疾苦,基本做到"无为而治"。到汉武帝当政时期,汉朝已经基本实现了经济生产和民众生活的恢复。

汉武帝时期有个儒生董仲舒(前179—前104)主张君权神授和"天人感应",认为统治者的行为会影响到天体的运行,换言之,天灾是人祸的结果。这不只是前科学时代的迷信。这一学说论证了君主的权力正当性来自于天,但同时也借此限定了君主的权力——如果君主不能够为民着想,那么,他也将被上天剥夺君权。

董仲舒的论述吸收了阴阳家等其他派别的思想,但基本仍属于儒家学派。他向汉武帝提出了"罢黜百家,独尊儒术"的主张,得到采纳。汉武帝宣布确立儒家学说为官方学说,并对应儒家的五部经典《诗》《书》《礼》《易》《春秋》,设置五经博士的职位。

"经"原本是纺织工艺中的概念,还被用来指诸子学派的纲领性文献,从此以后"经"只用来指称儒家的核心文本。在政权的支持下,以儒家经典为核心的经学就此诞生。儒学是一种思想学说,而经学则是官方统治学说。以独尊儒术为界,中国思想由百家争鸣的子学时代进入到统于经学的经学时代。从此儒学成为传统中国社会的官方意识形态,从汉代到清朝末年,长期居于正统、主流地位。

但这并不代表此后的中国传统思想只有一种主

张,中国庞大的空间内不停地产生新的思想,日益增加的中外交往也推动了异域思想的进入和与中国本土思想的融合,同时儒家思想内部也有对经典的不同解释和不同时代的演进、发展,产生新的有价值的思想。

十、魏晋玄学

中国社会在魏晋时期又经历了分裂与动荡。人们在道教与佛教中寻求心灵慰藉,所以这一时期二教颇为流行。《魏书》的最后一篇就是《释老志》,专门讲佛教("释")和道教("老")。

由于当时战乱频繁、政治高压,很多名流学士转向不涉及政事的玄谈,谈论以《老子》《庄子》和《周易》的玄理为中心,玄学就此盛行。

玄学第一阶段以何晏(?—249)、王弼(226—249)为代表,他们都用《周易》和《老子》解说世界,认为最根本的是"太极",或者老子所说的"道"或"无"。

王弼面对变化无穷的大千世界,着眼于研究如何认识世界。于是他采用"归一"的办法,最终发现"无"就是千变万化而不能离的"宗"。他认为,作为根本的"道"是无名的,它代表的"自然"与人为的名教有本末高低之别。既然"无"是重要的,而"有"并不重要,那么名教("名"是名

唐 孙位《高逸图》(部分)

称，也指人在社会中的名分和地位，名教是要人们在既有的等级秩序中各安其位，不得僭越）自然也就不值得推崇了。世界变化无穷，名教礼法都从这个"无"中产生。王弼的说法虽然降低了名教的地位，但也没有完全否定名教。可以说既发扬了道家的思想，又融合了儒家对名教的强调。王弼甚至还使用"无"来解释孔子的思想，用道家的内容充实儒家学说。

裴頠（267—300）的主张与玄学第一阶段注重"无"不同，他肯定"有"本身的价值，著有《崇有论》，推动玄学进入第二阶段。

鉴于两派思想有很大不同，玄学又有了第三阶段。郭象（?—312）重点研究庄子，试图从中找到弥合道家与儒家思想不同的契机，超越"有"和"无"孰高孰低的争论，提出了"名教即自然"。

除上述人物之外，嵇康（223—262）、阮籍（210—263）等七人时常会集于竹林之下，人称"竹林七贤"。他们反对名教的虚伪与束缚，崇尚自然，要求依照人的自然本性生活，形成了心灵和生活方式放达洒脱的"魏晋风度"。

十一、宋明理学

到了宋代至明代，由于社会生产的发展，以及儒学和道家、佛教等多种思想的交汇，中国思想再次呈现出新的气象，出现了以"理"为核心的宋明儒学，又称宋明理学。宋明理学既探寻自然法则，又进而追踪人的道德法则，丰富了儒家关于理想人格和精神世界的理论，发展了心性儒学的内容，特别注重心性的功夫，即关心如何具体地修身养性。

"宋明理学"的说法有广义和狭义之分，狭义上是指以"二程"、朱熹等为代表人物的"程朱理学"，广义上则包括以陆九渊、王守仁为代表人物的"心学"，广义的宋明理学可以说是宋明时代居于主导地位的儒家思想体系的统称。

狭义的理学代表人物是：周敦颐（1017—1073），张载（1020—1077），程颢（1032—1085）和程颐（1033—1107）（二人是兄弟，被并称"二程"），朱熹（1130—1200）。其中，周敦颐是"二程"的老师，张载与"二程"相互影响，朱熹继承"二程"的学说，集理学之大成。

五人的学说又被各以其地域命名。周敦颐晚年定居庐山，把一条小溪命名为"濂溪"，因此其学说也被称作"濂学"。张载在关中讲学，其学说被称作"关学"。程颢、程颐兄弟是河南洛阳人，其学说被称作"洛学"。朱熹长期在福建讲学，因此其学说被称作"闽学"。他们都谈论天理与人心道德，又各有阐发。

周敦颐著有《太极图说》，他的学说融合了儒家、道家和阴阳五行的思想，他主张"有生于无"的命题，认为"无极而太极"，太极的动静变化，产生阴阳万物。"人极"模仿太极，"人极"即"诚"，"诚"是道德的最高境界，只有通过主静、无欲，才能达到这一境界。

张载认为"气"是万物的本源，气之动可以产生万物。这是他的宇宙论，关于人世，他提出君子要"为天地立心，为生民立命，为往圣继绝学，为万世开太平"，这四句话代表了儒家知识分子的价值追求。

程颢和程颐都认为"理"是宇宙的本体，但他们的思想又有不同。程颢主张"仁者浑然与物同体，义礼知信皆仁也"，他从"仁心"来看天理，认为知识、真理的来源都内在于人的心中，"只心

周敦颐

张载

便是天，尽之便知性"。程颐则认为"性即理"，人性来自天理，善的天理通过人性的确立来实现，主张"穷理"，强调格物致知，探究事物的道理。

南宋的朱熹继承了"二程"尤其是程颐的思想，同时也综合了周敦颐、张载等人的思想，成为理学的集大成者。他以"理"和"气"来解释宇宙和人生，认为"理"是形而上的绝对真理，"气"由"理"派生出来，是形而下的具体物质，二者互相依存，不能相离。朱熹发展了"性即理"的思想，认为"性"有"天命之性"和"气质之性"，"天命之性"是人先天的善性，"气质之性"则有善有恶，人应当居恭持敬，格物穷理，从而彰显善性。

宋代的陆九渊（1139—1193）和明代的王守仁（1472—1529）都认为"心"是最高的范畴，他们的思想被称为"心学"。

陆九渊认为人的道德感是本心所有，并非天理的外在赋予，"心即理也"，"宇宙便是吾心，吾心即是宇宙"，强调对于内心的修养。

王守仁发展了陆九渊的学说，因他常在会稽山阳明洞讲学，又被称为阳明先生。他认为朱熹所谓的"天理"其实在人们自己心中，不是外在的，

白鹿洞书院

"心外无理"，所以主张要返归人的内心。但王守仁不是不问世事的故纸堆中人，他曾经领兵平叛，是一位有行动力的思想家。王守仁不赞成朱熹"知先行后"的主张，提出"知行合一"，认为要把认识（知）和实践（行）统一起来。他提出了"致良知"，认为人人心中都有良知，人人都有成为圣人的可能，但在生活中有人逐渐失去了良知，因此人们要重新正视自己的内心，将良知付诸实践，做到"致良知"。

在宋明理学、心学之后，到了清代，儒学又有了新的发展，如在清初，出现了黄宗羲、顾炎武、王夫之三位著名思想家，他们反对君主专制制度，提倡经世致用，反对空谈。到清代中期，出现了注重实学、考据的乾嘉学派。清代中后期，面对国家面临的内忧外患，出现了龚自珍、魏源、康有为等主张变革的思想家，对晚清思想解放起了重要作用。

近代以来，随着"西学东渐"，中国思想产生了巨大变革。但中国传统思想文化从未中断，直到进入 21 世纪的今天，人们仍源源不断地从传统思想中汲取有益的养分，并为它们赋予新的阐释和意义。

第三讲
多元并存的中国宗教

一、概论

中国宗教历史悠久、源远流长，是中国文化的重要组成部分，与其他文化内容一起体现着中华民族的精神面貌和性格特征。中国宗教既有本土宗教，也有逐渐融入的外来宗教，外来宗教的融入反映出中国文化对世界其他地区文明的吸纳。自远古以来，中国就有着丰富多彩的宗教传承和神话传说，也有着对"天"的神圣化和敬畏，但总体来看，中国本土宗教信仰多突出人文、强调社会、讲究人伦、注重此岸，故而会被理解为人文性宗教或宗法性宗教。随着儒、道、佛都对中国文化产生重要影响，中国宗教也受到社会政治的影响，没有出现"政教对抗"或"一教独大"的局面，而"三教合一"更是体现出各种思想之间的互渗、涵容。中国历史上有多种外来宗教的传入，如佛教、祆教（琐罗亚斯德教）、摩尼教、伊斯兰教、基督教等，有些在历史的长河中消融在华夏之境，有些则流传至今。中国宗教是中华文明的有机构成，也是中国社会多元发展的生动写照。下面对中国原始宗教传承及在中国历史上比较有影响力的几种本土及外来宗教进行简要介绍。

二、中国原始宗教传承

中国本土宗教起源可回溯到远古的自然崇拜和鬼魂崇拜，并发展出与生命关联的生殖崇拜和与社会关联的图腾崇拜，在此基础上形成了中华传统文化中特色鲜明的祖先崇拜，在文化创意方面出现了高扬人的主观能动精神、积极与命运抗争的原始神话，这些都体现出中国本土传统宗教的渊源及其典型特征。

中国古代自然崇拜中的自然神明主要包括天体、天气、大地、山川、植物和动物。汉语的"宗"字原初意义就是指崇拜在"天上"的"日月星三光"。与天气有关的崇拜包括对风雨、云雾和雷电的崇拜及敬畏。大地山川崇拜则与天体崇拜形成对应。中国古人认为天乾为阳，地坤为阴，阴阳合一。中国古代以土地神为"社神"，五谷神为"稷神"，其崇拜与祖先崇拜同样重要，并且往往用"社稷"一词来指称国家，体现了中国古代农业社会的特色。中国古代神山崇拜颇多，较为著名的有对"五岳"的崇拜，"五岳"即东岳泰山、南岳衡山、西岳华山、北岳恒山、中岳嵩山。有神山之名的还有昆仑山和"海上三仙山"——蓬莱、方丈、瀛洲等。这种神山崇拜后来又增加了对佛教名山和道教名山的崇拜。中国古代所敬拜的江河之神包括河伯与洛神，湘君与湘夫人等。

中国古代的植物崇拜与农神崇拜直接关联，反映出农耕文化的特点及

泰山

其对生态保护、生态平衡的朦胧认识。农神主要有后稷和神农,是古代对农业的神化。"稷"为五谷之首,被尊为谷神。古代"社""稷"合祭,使土地与庄稼自然关联,古代周族敬后稷为始祖,体现了农业对家族、村社等人类群体的意义。人们认为上古的神农发明了耕种方法,教人们耕作,因此神农也被尊为农神。

西汉 螭虎玉佩

动物崇拜则是人们把对动物的敬畏与对部族祖先的崇拜相结合,表现为图腾崇拜的特点。在中国古代,人们将动物与星座相关联,给二十八星宿的各星座都配上了一种神性化动物,后来发展出道教的东方青龙、南方朱雀、西方白虎、北方玄武(龟蛇合体之物)的说法。中国古代有龙、凤、麒麟、仙鹤、狮子、天马、海马、狻猊、貔貅、獬豸、龟等神兽描绘,这些多与古代氏族图腾崇拜相关联。其中影响较大的为龙凤麟龟四灵,此外貔貅、獬豸和仙鹤等也有瑞兽之称。龙在中华文化中是多种神性动物的集中体现,反映出上古时期各氏族部落汇聚、整合的进程,故有中华民族为龙的传人之说。中国古代帝王都自称为"真龙天子",以体现其权威性。在民间,龙作为祥瑞、活力的象征,龙文化一直流传下来。

鬼魂崇拜与"灵魂"观念直接相关。古人认为人死后灵魂会脱离肉体而成为有灵气的鬼神,如《礼记·郊特牲》里就说"魂气归于天,形魄归于地"。普通人死后的魂灵被称为"鬼",有突出贡献或社会地位尊贵的人死后的魂灵则会被尊称为"神灵"。中国古代宗教中"上帝"之称的"帝",最初就是专门表达商朝最高统治者死后的灵魂的词。"帝"的原意是"凿木为重以依神",即在庙里为死去的君王立牌位来敬拜。鬼魂崇拜影响了葬仪及墓葬文化。中国远古的墓葬可以上溯到上万年前北京周口店山顶洞人的墓葬遗迹,其中已经反映出认为灵魂不死的意识。鬼魂崇拜的突出特点是对死后情况的关注和描述,对之想象奇特,内容丰富。中国古代有不少神魔小说、鬼狐小说,如《聊斋志异》等,就是对其非常典型的表达。

生殖崇拜可以在《周易》中发现其蛛丝马迹,如对八卦中的阳、阴二爻即可作生殖崇拜的理解,"伏羲八卦"图的中心为一对"阴阳鱼",最初也与生殖崇拜相关。这种阴阳鱼的符号我们可以从距今 6000 多年的西安半坡文化的彩陶鱼纹上见到端倪。半坡文化的彩陶鱼纹反映的是远古母系氏族社会的状态,当时盛行的鱼祭实际上是女性生殖崇拜现象,以此来祈求人口繁盛、氏族延续发展。这种女性生殖崇拜的表象还有出土文物上的蛙纹及月中蟾蜍造型等。西汉马王堆汉墓出土的帛画上就有这种月中蟾蜍的形象,给我们提供了相关启迪和思绪。古代"蟾"与"嫦"同音,曲折发展出了"嫦娥"女神的形象;而"蜍"与"兔"音似,也会有与"玉兔"的关联。由女性生殖崇拜发展出了想象丰富的月神(女神)信仰。而男性生殖崇拜的代表性形象是鸟纹,可以在出土的晚期仰韶文化的彩陶残片上看到。继鱼、蛙等女性生殖崇拜及其衍生的

马王堆汉墓帛画

月神信仰之后，也产生了以鸟、乌为代表的男性生殖崇拜，以及相关联的日神信仰，表象有三足鸟、负日飞行之鸟等造型。西汉马王堆汉墓的帛画亦描绘有日中之鸟的形象。这种男性生殖崇拜进而与氏族发展联系起来，故而产生了"天命玄鸟，降而生商"等神话传说。

古代生殖崇拜与自然崇拜、鬼魂崇拜有着复杂的联系和交织关系，由这些衍生出的图腾崇拜和祖先崇拜逐渐汇聚为与中华民族先祖直接关联的古神崇拜。按照神话传说及后来的文献记载，中国古神的序列，首先是天地的开创者盘古，盘古之后则为"三皇"，即天皇燧人氏、人皇伏羲氏、地皇神农氏。其中燧人氏为火神，象征古人学会用火；伏羲氏为渔猎神，并发明了八卦，标志着人文之开端，与其妻女娲共为"人祖"；神农氏则为农业和医药神，并开创了商业、冶金业等，代表着科学、商贸之萌芽。"三皇"之后为"五帝"，其说法在《史记》等所载为黄帝、颛顼、帝喾、唐尧、虞舜，还有其他说法是指太昊、炎帝、黄帝、少昊、颛顼，或少昊、颛顼、高辛（帝喾）、唐尧、虞舜等。值得注意的是在"五帝"中出现了炎帝、黄帝，而中华民族自认为是炎黄子孙。"五帝"之后，则是大禹。禹因舜的禅让而登帝位，因其治水功绩而被尊为治水神。禹死后，其子启继位。中国历史从神话时代，进入史书上记载的第一个王朝——夏朝。

中国古代宗教的神灵观念始于由"灵魂"及"灵魂不灭"的观念而出现的鬼神观念。中国古人称人死之后的魂灵为"鬼"，有突出贡献或社会地位尊贵的人死后的魂灵被尊称为"神灵"。由"神"而有了中国古代宗教表达神性的观念及术语。在殷商时期，古代宗教认知的"神"多以"上帝""皇上帝""皇天上帝"来表述，从而使"神"的观念中人格神的意识颇为明显。周朝开始，人们对"天"的理解逐渐突出，越来越多地以"天"来表达对至高神的信仰，此时对神明的认识已经达到越来越抽象的程度。敬天、畏天、天人感应、以德配天等思想，对此后的中国思想及宗教产生了深远影响。

三、道教

　　道教是中国本土产生的一个重要宗教。道教思想根源为老子、庄子的哲学思想，其崇拜形式则受到古代的巫术、秦汉时期的神仙方术的影响。道家哲学是道教教义的理论基础之一，道教信仰的最核心观念即被认为是万物之本和宇宙之源的"道"。但道教的教义又与道家思想有很大不同，例如道家主张顺应自然，虽希望全身远害，但也认为生而有死是自然规律，人应当顺应这一规律，道教则研究避免死亡的原理和方术，追求长生不老和成仙。因此二者并不能混为一谈，道教对道家也不是简单的继承关系。但道家思想中与养生相关的理论，以及老子、庄子著作中一些充满浪漫主义精神的想象，都被道教理论吸收。

　　除了道家思想，中国原始宗教和巫术、春秋战国时代产生的神仙方术、战国时邹衍的阴阳五行学说，也都是道教思想的重要来源。秦汉时期许多皇帝追求长生不老，导致宣扬可求仙问药、助人长生成仙的方士受到重视。儒家今文经学中的谶纬神学内容，也被方士们吸收。战国到秦汉时期，还兴起了黄老之学，这是将黄帝崇拜和老子哲学相结合的产物，认为黄帝和老子都主张以清静之术治天下，对西汉初年的政治产生了重要影响。到东汉时，由于对黄帝和老子不断神秘化和宗教化，逐渐产生了黄老崇拜，对道教产生起到了很大推动作用。

　　东汉顺帝时，隐士张陵（张道陵）在四川率先创教立派，他奉老子为教主，以《道德经》为经典，自称天师，在青城山等地传道立社，形成早期道教。当时入教者要交五斗米，故称"五斗米道"。因张陵宣称得老子传授"天师"之称，其教因而又称为"天师道"。东汉灵帝时期，又有河北人张角自称"大贤良师"，奉《太平经》为经典，宣称要"去乱世，致太平"，创立了"太平道"。从此，宗教形态的道教产生。

　　魏晋南北朝时，道教得到重要发展。当时道教可大致分为两大派：丹鼎派和符箓派。丹鼎派以炼丹取药、祈求长生成仙为主要特点；符箓派则以画

（传）唐 吴道子《八十七神仙卷》（局部）

符念咒、祈福禳灾为主要特点。但这两派只是根据其宗教活动形式不同而做的一种区分，并不是严格的教派。晋代时，著名丹鼎派道士葛洪著有《抱朴子》内外篇，在内篇中讲守一、行气、导引、炼丹等神仙方术，系统论述了"神仙方药，养生延年"的理论和方法，丰富和发展了道教理论。

南北朝时期，北魏道士寇谦之修改五斗米道的教义，增添儒家礼教内容，形成新天师道，并得到北魏太武帝及社会上层的认可。这一改革后的北朝道教被称为"北天师道"。南朝道士陆修静在宋明帝支持下整理道教经典，革新斋醮礼仪，使道教理论和组织形式更加完备，建立"南天师道"。在天师道改革的同时，南方还出现了上清派、灵宝派两个派系。上清派著名道士陶弘景，学识渊博，在道教理论、医药等方面都有较深造诣。他编订了道教的神仙谱系，并将很多儒家、佛教思想融入道教。由于他长期在茅山讲学修道，所以上清派又被称为茅山派。此外，在北魏时还兴起了陕西的楼观派，楼观派以起于楼观台（在今陕西省周至县）而得名，奉老子、周代函谷关令尹喜为祖师，成为北朝及隋唐时的一大教派。

到了唐代，由于唐朝统治者姓李，奉老子为唐皇室先祖，对道教采取扶持政策，道教得到很大发展。唐高宗、唐玄宗多次为老子上尊号，唐玄宗还亲自为《道德经》作注，并组织纂修了中国第一部道藏。唐末五代，原来的外丹道衰落，内丹道兴起。外丹是指用炉鼎烧炼丹药，道教认为服食这种丹药可以长生成仙，但由于这个很明显不能兑现，外丹道逐渐衰落。内丹道借用了外丹道的术语，指以人体作"炉鼎"，以人的"精气神"为药物，以意念为火候，在体内"炼丹"的修行方式。内丹道在隋代由道士苏元朗创立，唐代至五代时兴起，形成钟吕内丹学（相传由钟离权、吕洞宾倡导）。相比于外丹，内丹道更注重内养。

宋朝时宋太宗、宋真宗、宋徽宗对道教发展都多有支持，还曾仿照官吏职级来设道官道职。五代宋初，陈抟内丹学派兴起。陈抟结合道教、儒家易学和佛教禅宗三家思想进行阐发。他的《无极图》后被周敦颐发展为"太极图说"，其《先天图》也被邵雍演化为"象数"体系，促进了宋代理学的形成。北宋另外一位道教学者张伯端著有《悟真篇》，创立道教紫阳派，此后形成以内丹修炼为主的金丹派南宗。

金代时全真道兴起。全真道由陕西咸阳人王重阳创立，主张道、儒、佛"三教合一"、三教平等，形成"三教圆融"之说。全真道在钟吕内丹学的基础上，融合儒学和禅宗思想，提出了一套专注修炼心性的方法，提倡修身苦行、安贫克己、扶危济困，其道士必须出家在宫观苦修，不允许结婚。王重阳去世后，其弟子丘处机使全真道得到兴盛发展。元太祖成吉思汗邀请丘处机到西域面见，丘处机率十八弟子长途跋涉西行赴约，以敬天爱民、清心寡欲、少杀生等良言劝谏成吉思汗。成吉思汗对丘处机很是礼遇，为丘处机赐号"神仙"。丘处机回到北京，居于长春宫（今北京市白云观），成吉思汗命其掌管天下道教。全真道在元朝非常兴盛。

此时在南方，还有另一大教派与全真道并行，即正一道。正一道主要由天师道发展而来，融合了上清派、灵宝派等，是符箓派道教的代表。元朝时，第三十六代天师张宗演被元世祖忽必烈封为真人，并被授权主领江南道

武当山

教。元大德八年（1304年），第三十八代天师张与材被封为"正一教主"。元代时，全真道与正一道成为道教影响最大的两个派别。

明朝时，由于统治者支持正一道，正一道成为支配全国道教的主要教派。全真道走向衰落。明初张三丰入湖北武当山隐居修道，开创武当道派，在明代较盛。张三丰还创立了武当道派内家拳技，形成武当功夫传承。

清朝时，道教继续传播，但由于统治者崇尚儒学和佛教，道教从总体来看走向衰落。

四、佛教

佛教由释迦牟尼于公元前 6 世纪至前 5 世纪创立于古印度。佛教传入中国约在两汉之间。文献中佛教传入中国最早的时间记载是西汉哀帝元寿元年（前 2 年）。相传东汉时，汉明帝曾派蔡愔、秦景等人赴天竺，于永平十年（67 年）迎来印度僧人摄摩腾、竺法兰，他们用白马驮经、载回洛阳，故洛

白马寺

阳建有白马寺。

魏晋南北朝时，佛教得到很大发展。当时很多佛经被翻译过来，著名译经家有来自西域的竺法护、鸠摩罗什等。同时不少印度高僧来到中国传教，如菩提达摩、真谛等。当时大量佛教寺院、佛像石窟被建造。杜牧诗句"南朝四百八十寺，多少楼台烟雨中"，反映的就是这一时期大建佛寺之事。

魏晋到唐朝，也有不少中国僧人西行求法，其中最有名的是法显和玄奘。东晋时法显于399年从陆路前往印度取经，历尽艰辛，于412年由海路回国，历14年之久，经30余国，携回佛经多种，并著有《佛国记》（《法显传》）一书，记述所经的中亚、南亚、东南亚等地的地理、历史、风俗。唐代玄奘西去印度取经，共历17年之久，经过了当时的100多个国家，于645年归国并带回佛经600多部，回国后致力于佛经翻译，所翻经论达75部、1335卷，并著有《大唐西域记》，详细记述了沿途各地的情况，成为世界文化名人。

佛教传入中国，共有三大系统：北传佛教习称大乘佛教，传入中国汉族地区，因此也称"汉传佛教"，由此又传至朝鲜半岛、日本、越南等地；南传佛教被大乘佛教称为小乘佛教，其自称上座部佛教，传入中国云南傣族等几个少数民族地区；藏传佛教俗称"喇嘛教"，传入中国西藏、内蒙古等地。这三大系统代表着佛教与中国社会文化的融合，成为中华文明的有机构成。

北传佛教即汉传佛教在中国发展出天台宗、三论宗、律宗、法相宗、净土宗、华严宗、禅宗和密宗等宗派，称为中国佛教"八宗"。天台宗由常住天台山的智𫖮在隋朝时创立，因其推崇《法华经》，也被称为法华宗。三论宗由隋代吉藏所创，"三论"指古印度大乘佛教中观学派的《中论》《十二门论》《百论》三部经典，因突出"诸

玄奘

西安大雁塔

法性空"也被称为法性宗。律宗亦称南山宗或南山律宗，由道宣在唐代时创立，强调研习和持守戒律。鉴真在唐天宝年间多次东渡，将律宗传入日本，创立日本律宗。法相宗由玄奘及其弟子窥基所创，因其理论要深入辨析一切事物（法）的相对真实（相）和绝对真实（性）而得名，又因这一派主张万法唯识、心外无境，亦称"唯识宗"。净土宗以东晋慧远为初祖，实由唐代善导所创立，这一派强调众生要通过念诵佛号、施功德来往生西方净土极乐世界，因此称为净土宗。12世纪时，日本佛教界根据善导著述，创立日本净土宗。华严宗因《华严经》而得名，由唐代法藏所创，因武则天曾给法藏赐号"贤首"，亦称"贤首宗"，该派主张"法界缘起"说，认为一切现象都是由本体而起的，一切现象与本体之间、现象与现象之间，都是圆融无碍的。华严宗先是由法藏的同门新罗僧人义湘传入新罗，后由新罗僧人审祥传入日本。禅宗专修禅定，用"禅"来解释其教义理论与修行实践，故得名。"禅"是梵文音译"禅那"的简略，原指静虑定心，是印度佛教的一种修持方法，传入中国以后渐成宗派名称。唐代时，禅宗六祖慧能等人通过以中国智慧来体悟佛教义理而使禅宗成为最中国化的佛教宗派，并在曹溪宝林寺（在今广东韶关）传扬"识心见性""见性成佛"的禅宗南宗顿悟法门，传有《六祖坛经》，从而真正使佛教在中国发扬光大。禅宗后来传入朝鲜半岛和日本，具有广泛的影响力。密宗又称"密教"，是唐开元年间由来自印度和斯里兰卡的僧人善无畏、金刚智、不空创立，尊奉大日如来为最高的神，以咒语、手印、秘密的仪式等方式修行，因在汉地流传，亦称"汉密"，因唐代开传也有"唐密"之名。日本僧人空海在中国学习密宗，回国后创立了真言宗。

南传佛教又称上座部佛教，因其经典用巴利文转写和注释而亦称巴利语系佛教。中国的南传佛教，主要是于12至13世纪从泰国传入，后来亦有从缅甸传入，在云南西南部的傣族、布朗族、德昂族、阿昌族、佤族等民族中传播，故而也称"云南上座部佛教"。其在历史上形成了润派、摆庄派、多列派和左抵派四大派别。云南上座部佛教有佛教经典的傣语译本和注释，多写在贝叶上，故有傣文"贝叶经"留存。

　　藏传佛教因其"上师"藏语为"喇嘛"而俗称"喇嘛教"。最初，在西藏地区流行的宗教是苯教。7世纪时吐蕃赞普松赞干布受唐朝文成公主和尼泊尔尺尊公主的影响，开始信奉佛教，建立大昭寺、小昭寺等佛寺，佛经也在此时开始翻译，佛教在西藏逐渐发展起来。8世纪时吐蕃赞普赤松德赞邀请印度高僧寂护、莲花生入藏传教。莲花生主要传授密宗佛教，在西藏地区产生较大影响，使佛教得到较大范围的传播。这一时期为藏传佛教的"前弘期"，于9世纪中叶因代表苯教势力的朗达玛赞普进行灭佛运动而终结。到了10世纪后半期，佛教又在统治阶级上层人物的活动和努力下复兴起来，藏传佛教进入"后弘期"。这时候的佛教比较注意吸收当地的民族特点，并吸收了苯教的许多教义和宗教仪式。由于传承体系、修行方式等不同，到11世纪时，形成了四大宗派：宁玛派、噶当派、萨迦派、噶举派。15世纪初，又形成了格鲁派。其中，最早的是宁玛派，"宁玛"意思即为"古旧"，因其僧侣戴红帽，又被俗称为"红教"。噶当派由仲敦巴于11世纪中叶创立，其教义后来被格鲁派继承和发展。11世纪后半叶，萨迦派兴起，因其寺庙墙上刷

大昭寺

有红、白、黑三色花条，故俗称为"花教"，由昆氏家族的贡却杰布创立，该派第五祖罗追坚赞，又称"八思巴"，元世祖忽必烈封其为"帝师"，命其负责管理西藏地方政教事务，萨迦派在元代很盛，元末衰落。噶举派也是在 11 世纪兴起，"噶举"意为"口授传承"，因该派僧人穿白色僧衣，故俗称"白教"，该派支派颇多，其中噶玛噶举派在藏传佛教中最早采用"活佛转世"制度。最晚形成的教派为格鲁派，由宗喀巴于 15 世纪初创立，源自噶当派的革新，同时也吸收了其他派的教义教法，"格鲁"意为"善规、善律"，因其僧人戴黄色僧帽故俗称"黄教"，为藏传佛教中目前影响最大的教派。明朝建立后，中央政府在西藏设乌思藏都司等机构进行管理，并对西藏地区政教首领人物进行封授，赐给官爵、名号等。明清时代，藏传佛教"活佛转世"逐渐被纳入中央政府管理。格鲁派自明嘉靖二十一年（1542 年）实行活佛转世制度，并发展为两大活佛转世系统：一为"达赖"（意为"大海"），始于明万历六年（1578 年），此传承至今已至第十四世；一为"班禅"（意为"大学者"），始于清顺治二年（1645 年），今已传至第十一世。自清代初年起，达赖和班禅转世均需经中央政府批准。为进一步规范活佛转世制度，1793 年，清朝政府颁布法令，对达赖、班禅及大活佛的转世实行"金瓶掣签"制度，从而形成延续至今的历史定制。

五、祆教

祆教，即琐罗亚斯德教，原为古代波斯萨珊王朝的国教，创始人为琐罗亚斯德，该教相信火是光明、善的代表，是最高善神阿胡拉·玛兹达的象征，通行礼拜"圣火"，故在中国也称"祆教""火祆教""拜火教"等。该教约于 6 世纪南北朝时期经中亚粟特人传入中国，一度盛行于西域，并曾被南北朝时的一些统治者所推崇。隋唐时期该教一度兴盛，在长安、洛阳、凉州等地都建有祠庙，称为祆祠，朝廷还设立了管理祆教事务的机构，称为

"萨宝府"，并任命了祭祀官，萨宝官职一般由信奉这一宗教的"胡人"担任。该教在五代、北宋时开始衰落。延至北宋末、南宋初，仍可在开封、镇江等地看到祆祠的存在，民间也还不时发现拜火的习俗等祆教留存的现象，但宋代之后，祆教的踪影基本在中华大地上消失。

六、摩尼教

摩尼教于3世纪由波斯人摩尼创立，教义吸收了基督教、诺斯替教派、琐罗亚斯德教等多种宗教的成分，以"二宗三际论"为其核心，主张善恶二元论。694年，波斯人拂多诞持《二宗经》来中国，标志着摩尼教正式传入中国。摩尼教在唐初可公开传播，唐玄宗开元二十年（732年）时一度遭禁，安史之乱后于唐大历年间恢复合法地位，并在多地建立寺院。唐武宗会昌年间灭佛时，摩尼教亦遭严重打击，转而成为秘密宗教。宋元时期，摩尼教吸收了中国其他民间宗教的成分，演变为民间宗教，当时被称为明教，在民间进行传播。明朝建立后，摩尼教在明朝的禁令下逐渐消亡。摩尼教在中国的传播曾一度扩大到西北、中部及东南沿海等地。目前在福建省晋江市还保存有一座宋元时期摩尼教寺的遗址，是中国现存唯一完整的摩尼教遗址。

福建晋江摩尼教草庵寺遗址

七、伊斯兰教

广州怀圣寺

伊斯兰教在中国曾称"回教""清真教""天方教"等,最初也有"大食法""大食教度"等称谓。伊斯兰教在唐朝时传入中国。当时的阿拉伯帝国被中国称为大食。唐朝与大食之间的商贸往来频繁,很多阿拉伯商人从海路来到中国东南沿海的广州、泉州、杭州、扬州等地贸易经商,他们在这些城市相聚而居,形成"蕃坊",并在坊内建清真寺。其中不少人在中国定居,成为中国最早的穆斯林。

宋朝时海上贸易更加繁荣,有更多穆斯林来到中国并在中国定居。当时东南沿海地区形成了"四大清真寺",即广州怀圣寺、泉州清净寺(又名麒麟寺)、杭州凤凰寺(又名真教寺)和扬州仙鹤寺,其中广州怀圣寺就始建于唐代。

中国西北地区的回鹘民族原本信奉萨满教,后又信奉佛教、摩尼教。唐朝末年,西迁回鹘的一支在今新疆西部和中亚地区,联合其他一些部族建立喀喇汗王朝。10世纪上半叶起,喀喇汗王朝开始信奉伊斯兰教。10世纪中期到11世纪初,喀喇汗王朝与信仰佛教的于阗王朝进行了长期战争,最终灭亡了于阗,于阗民众开始转信伊斯兰教。但在新疆北部的高昌回鹘王国仍然信仰佛教。

泉州清净寺

13世纪时,蒙古军队西征,有大批中亚、西亚的不同民族的穆斯林被俘或归降,随蒙古军来到中国。他们被编入元军军队,战时作战,平时屯田，后来就在中国定居，与各地的汉族、蒙古族等民族通婚，定居繁衍，并渐渐都说汉语、用汉姓，逐步形成了现在回族的主体，在历史上也称为"回回"。同时，元朝陆上、海上丝绸之路发达，不少中亚、西亚的穆斯林商人、学者、旅行者等也来到中国，其中有些人在中国定居，与当地人通婚，这些人也成为回族的一个重要来源。元朝时穆斯林社会地位较高，在元朝将中国人划分为四等（"蒙古人、色目人、汉人、南人"）的等级制度中，穆斯林大多属于色目人，地位仅次于蒙古人，因此伊斯兰教也得到了顺利传播。

元朝末年，在今新疆、中亚一带的察合台汗国分裂为东、西两部。东察合台汗国的蒙古统治者信奉了伊斯兰教并大力推行，以武力消灭了高昌回鹘的佛教力量。到 16 世纪初，吐鲁番、哈密等地的佛教被排挤出去。新疆多数地区都改信了伊斯兰教。察合台汗国的蒙古人也都信仰了伊斯兰教，并逐渐融入维吾尔民族中。

经过元代时的发展，到明代初年，回回逐渐形成回族，主要分布在河西走廊一带，陕西、河南、山东、云南等地也有不少，形成了"大分散、小集中"的分布特点。明代中后期，为培养宗教人才，伊斯兰教经堂教育兴起并发展，其开创者是陕西人胡登洲。继经堂教育的发展之后，一些穆斯林经师、学者，也开展了以汉文译经及著述的活动。当时中国穆斯林学者注意学习中国传统文化尤其是儒家思想，在明清之际出现了王岱舆、马注、刘智等"回而兼儒"的著名学者，他们在阐释伊斯兰教教义时，采用了与中国传统文化相结合的"以儒诠经"的方式，从而形成了中国伊斯兰教的宗教思想体系。

伊斯兰教传入中国后，发展出众多教派，包括格底木、伊赫瓦尼和西道堂这三大教派和新疆的依禅教派，以及虎非耶、哲合林耶、嘎的林耶和库布林耶这四大门宦。"门宦"是指明末清初伊斯兰教苏非主义传入中国西北地区后形成的派别。这种门宦组织以各门宦的教主作为其最高精神领袖和世俗首领，强调要对教主绝对服从，教主一般世袭，并掌管许多教坊和清真寺，并用教民交纳的物品置买土地、牲畜等，一般都成为富甲一方的头领，因此一派教主不仅总揽该派宗教事务，还拥有一定的封建特权。

清末到民国初年，受近代进步思想潮流的影响，一批穆斯林学者提倡改革宗教教育，创办新式学堂，促进了中国穆斯林寺院经堂教育向现代教育的转化。抗日战争爆发后，中国穆斯林积极投入抗日救国之中，成立抗日救国协会和武装，参加抗日战争，其中冀中地区的回民支队，即著名的马本斋回民支队，作战勇敢，其英勇事迹广为流传。

中华人民共和国成立后，实行宗教信仰自由政策。信教人士的宗教信仰自由得到有效保障和尊重。同时旧社会存在的等级压迫制度和不平等现象也得到消除。中国伊斯兰教进入新的历史发展阶段。1953年中国伊斯兰教协会在北京成立。目前中国穆斯林约有2000多万人，全国有清真寺3万多座。

八、基督教

基督教最早传入中国的教派是聂斯托利派，中国当时称之为"景教"。唐贞观九年（635年），该派教士阿罗本来到中国长安，被认为是景教在中国传播之始。阿罗本受到唐太宗的礼遇，被允许在长安译经传教。至唐代中期，景教多部经典被翻译成汉文，多座景教寺院建立。现保存于西安碑林的"大秦景教流行中国碑"（781年落成）记载了唐朝前中期景教传入中国及在中国传播的过程。据碑文所说，当时景教有"法流十道、寺满百城"的兴盛。唐武宗会昌五年（845年）灭佛，景教也一起被禁，在中原地区销声匿迹，但仍继续在西北边疆地区流传。

元朝时，蒙古的西征，沟通了东西交通。景教又从西北传入中原地区。同时，天主教方济各会传入中国。当时两者被统称为"也里可温教"。元朝设崇福司管理也里可温教事务。1289年，方济各会修士孟德高维诺受罗马教皇派遣东来，于1293年抵达中国，并于1299年在大都建成教堂，成为第一位在中国传教的天主教传教士。也里可温教在元朝取得了较快发展，但主要是在蒙古人、西域人中传播。随着元朝的灭亡，也里可温教也在中国消亡。

明朝末年，基督教重新传入中国。1582年，天主教耶稣会传教士、意大利人罗明坚进入广东肇庆，1583年9月又与另一位耶稣会传教士、意大利人利玛窦再到肇庆并获准长期居住。他们在此之前已经在澳门学习汉语和中国典籍，对中国文化和风俗有一定了解。他们将自鸣钟等西洋新奇物品送给当地官员，被批准在当地建寺传教。1601年，利玛窦进入北京，将自鸣钟、铁弦琴、三棱镜以及圣像等礼物送给明神宗，被允许在北京长住。利玛窦开始在北京传教。

利玛窦在中国传教采取了"适应策略"。他着"儒服"，学儒家典籍，有选择地介绍基督教的知识，并借用儒家经典中的一些文字来阐释基督教的教义，使基督教教义便于中国人接受。对于中国教徒按中国文化传统祭祖、祭孔，利玛窦也采取了比较宽容的态度。同时，为了博得中国人的好感，利玛窦用自己掌握的比较丰富的西方自然科学知识，积极向中国人介绍这些知识。通过这种方式，利玛窦与当时不少官员、儒生建立了比较好的关系。利玛窦与徐光启合作，将欧几里得的《几何原本》前六卷译成中文，还与徐光启、李之藻合作翻译了《测量法义》《同文算指》等著作。利玛窦还将中国的《四书》介绍给西方。

随后来到中国的耶稣会传教士，大多数沿袭了利玛窦的策略和方式。他们在传教的同时，也为

大秦景教流行中国碑

利玛窦与徐光启

中国带来了西方当时先进的科学知识，包括数学、天文、工程技术、医学、舆地测绘等，客观上为中国接触西方科学技术起到了积极的推动作用，开启了中国人对西方科学的认知。同时，他们也向西方介绍了中国文化，东学西传，给西方带去了中国的知识和思想。

清朝初年，一些传教士在清廷供职。德国耶稣会传教士汤若望在顺治年间负责钦天监工作，顺治皇帝还经常向他学习科学知识。后来来华的比利时耶稣会传教士南怀仁亦曾负责钦天监工作。康熙皇帝经常让南怀仁等传教士进宫讲授数学、天文、地理、物理等方面的知识。康熙允许天主教自由传教。17世纪中叶，中国天主教徒已达20多万人。

自明朝末年，天主教方济各会、多明我会传教士也进入中国传教。清朝初年，对于中国天主教徒能否祭祖、祭孔以及其他一些问题，天主教不同修会的来华传教士产生了明显的分歧，出现"中国礼仪之争"。罗马教皇于1701年、1719年两次派遣特使来华，宣布禁止中国教徒祭祖、祭孔。这就相当于宣布中国天主教徒必须放弃本民族的文化传统，引起了清廷的极大不满。康熙在1721年读到罗马教皇第二次禁令的中文译本后说："以后不必西洋人在中国行教，禁止可也，免得多事。"在华传教士大多被驱逐，留下的也不能再传教。

东正教在中国的传播始于17世纪中后期。康熙初年，俄国人占领了黑龙江北岸的雅克萨等地，随军的传教士到达中国。1685年，清军攻占雅克萨，将一些俄军俘虏带回北京。为了尊重他们的信仰和风俗，清政府拨了东直门附近的一座关帝庙给他们，改建成了一座东正教堂，俄国人称它为"圣索非亚教堂"，也被称为"北馆"。中俄《尼布楚条约》签订后，许多俄国俘虏不愿回国，于是成了中国第一批东正教徒。

康熙五十年（1711年），俄国向中国派出了第一个传教使团。雍正五年（1727年）中俄《恰克图条约》签订后，该使团变为常设机构，在华进行传教。

新教正式传入中国内地是在19世纪初。1807年英国人马礼逊到达广州，

1809年成为英国东印度公司的翻译，在中国进行传教。他完成了《新旧约全书》的中文翻译，并编写了《华英字典》。鸦片战争之前还有少数新教传教士来华传教，但影响不大。

1840年鸦片战争爆发，1842年中英《南京条约》签订。从此，基督宗教各派凭借不平等条约的保护开始在中国强行传教。由于中国实力的衰落，传教士不再像以前那样谦逊礼让，而是以居高临下的态度进行传教。一些传教士还直接配合西方列强的侵略行为，搜集情报、充当顾问，还有的掠夺财富、倒卖文物。由于教会有极大的特权，教士、教徒屡屡出现不法行为，欺压百姓，造成百姓的抵抗，从而教案频发。1899—1900年的义和团运动就是由此产生的排外情绪的集中爆发。

义和团运动沉重打击了基督教在中国的传播，20世纪初中国各地兴起反帝爱国运动，一方面促使一些中国教徒逐渐意识到摆脱西方教会控制、独立发展的重要性，发起中国教会的自立运动，一方面也迫使外国教会认真研究在中国传教的特点，改变偏执、狂妄的传教方式。由此推动了中国基督教开始向"中国化"方向发展。此时教会在中国兴办了一些新式学校、教会医院等，推动了中国近代教育和医疗事业的发展。

新中国的成立，使中国基督教真正开始其独立自主的发展。1950年，中国天主教徒发表《自立革新宣言》，开始中国天主教爱国、自立运动。1957年，中国天主教爱国会成立。1980年，中国天主教主教团成立，与中国天主教爱国会被并称为中国天主教"一会一团"。1955年，中国东正教会独立，不再受国外教会掌控，并于1956年改称中华东正教会。1950年一批新教（在中国也被称为"基督教"）知名人士发起了中国基督教"三自"（自治、自养、自传）爱国运动。1954年，中国基督教三自爱国运动委员会成立，这是中国新教徒的爱国组织。1980年，中国基督教协会成立，与中国基督教三自爱国运动委员会被并称为"中国基督教两会"。中国基督宗教坚持独立自主、自办教会原则，在新的时期进行发展。

第四讲

光辉璀璨的中国文学

一、《诗经》

世界上无论在哪一个国家,如果一个男人喜欢上一个女人,他一定会想尽办法让对方了解自己的心思。那么,你知道三千年前,在古老的中国,一对恋人之间的故事吗?那时候,水鸟们在河水中成对地鸣唱,一个年轻的男子触景生情,不由得想起了自己的心上人,于是给她写下了这样的诗:"关关雎鸠,在河之洲。窈窕淑女,君子好逑。"大意是,河里的水鸟在欢快地歌唱,那个美丽善良的女人啊,是我心目中的好对象。这几句诗,正是中国文学史上第一部诗歌总集——《诗经》中第一首诗的第一段,这首诗的名字叫《关雎》。

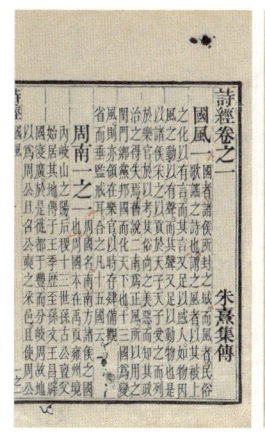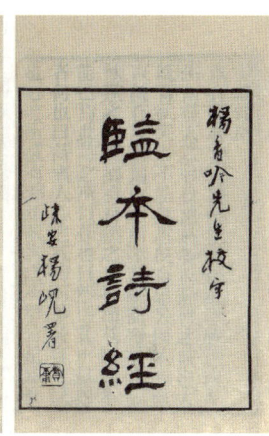

《监本诗经》书影

南宋 马和之《诗经·唐风图卷》（局部）

世界上很多民族文学的开端是史诗或神话，而中国文学的开端是一部诗集——《诗经》。这给中国文学史带来了特殊的影响，所以在漫长的中国文学史中，诗歌一直占据着重要的地位，古代中国也因此成为一个诗的国度，这是中国文学的重要特点之一。

《诗经》共收录了三百零五首诗，它们描绘了从西周初期到春秋中期人们社会生活方方面面的内容，有赞美农业劳动的，有反对战争徭役的，有颂扬神灵祖先的，有咒骂当权统治的。当然，几千年过去，《诗经》中数量最多、写得最美、流传最广、最受人们喜欢的还是《关雎》这类表现婚姻爱情的诗。那么，在《诗经》中，或者说三千年前的中国古人是如何描绘爱情的？是一次甜蜜的约会，比如《静女》："静女其姝，俟我于城隅。爱而不见，搔首踟蹰。"文静的姑娘惹人爱，约我城角楼上来。躲在暗处让人找，害得我抓耳又挠腮。是一种深情的思念，比如《子衿》："青青子衿，悠悠我心。纵我不往，子宁不嗣音？"颜色青青你的衣襟，绵绵不绝我思念的心，即使我没去找你,你怎么也不给我个音信?是黄昏时的等待,比如《君子于役》:"君子于役,不知其期,曷至哉?鸡栖于埘,日之夕矣,羊牛下来。君子于役,如之何勿思!"在外服役的爱人啊,你什么时候才能回来?落日衔山,鸡、羊、牛都纷纷回来了,在外服役的爱人啊,叫我如何不想你!是秋天清晨时的追寻,比如《蒹葭》:"蒹葭苍苍,白露为霜。所谓伊人,在水一方。"河边的芦苇在风中摇荡,我思念的人啊,却隐隐约约在水的那一边……

除了这些动人的诗篇外,《诗经》还创造出中国文学史上一种独特的抒情方式——"比"和"兴"。"比"是打比方,"兴"是用其他物象引出诗人要吟咏的对象。"比"和"兴"常常被诗人交织起来使用,比如《桃夭》:"桃之夭夭,灼灼其华。之子于归,宜其室家。"春天桃花盛开,艳丽茂盛,新娘要在这个时候出嫁,愿她生活和美、家庭和顺。以桃花的艳丽比喻新娘的美丽,用桃花的兴盛烘托成婚的欢乐气氛,引出诗人的祝福,这种表达方式含蓄而委婉。这种含蓄的表达方式不仅成为中国文学的重要传统,也深深影响了中国人的日常生活。

所以,虽然是三千年前中国古人的歌唱,但穿越时空,它们至今仍然感动着我们。而且《诗经》中的诗在当时是可以和着音乐唱出来的,可惜现在乐谱已经失传了。另外,这些诗是谁写的,绝大多数我们也不清楚。但知道有些诗是朝廷官员献给天子的,所以写得温柔敦厚;更多的诗是乐官从民间采集而来的,因此写得大胆活泼。如今,虽然时间流逝,但《诗经》还像当年孔子教授给他的学生那样,被人们代代传唱。

二、屈原与《离骚》

在上古战国时期,中国大地上很多诸侯国互相争斗,想成为霸主。其中,屈原是楚国的大夫,具有杰出的才能,协助楚王管理国家大事,处理对外事务,深得楚王的信任,没想到却遭到一些人的忌妒。这些人不断地在楚王面前说屈原的坏话,说他居功自傲,连楚王也不放在眼里,楚王一怒之下把他流放到很远的地方。当时秦国越来越强大，而楚国却越来越衰弱。眼看楚国要为秦国所灭，屈原的爱国热情无处释放，徘徊在楚国的山水之间，他把自己不幸的遭遇、悲愤的心情写进了自传体的长诗——《离骚》中。

在这首诗中，诗人戴着高高的帽子，穿着奇特的衣服，身披香草，化身为美的象征，"高余冠之岌岌兮，长余佩之陆离"。他憎恨社会风气黑白颠倒、善恶不分，"背绳墨以追曲兮，竞周容以为度"。为了个人的理想和国家的前途，诗人上天入地、四处探寻。走投无路时，他也曾犹豫彷徨，试图离开楚国。可当他打算要远走之际，忽然回头望见了故乡。一瞬间，为诗人驾车的仆人悲伤不已，马儿也蜷缩着不能前行，"陟升皇之赫戏兮，忽临睨夫旧乡。仆夫悲余马怀兮，蜷局顾而不行"。于是诗人最后还是留下，"路曼曼其修远兮，吾将上下而求索"。道路漫长又艰难，但我将继续上下去求索。

中国文学史讲究"道德文章"，一个伟大的文学家除了有传世的作品外，还应该具有高尚的人格，而屈原是历史上把这两个方面完美结合的第一人。后来，楚国真的被秦国打败了，国都郢也被秦军占领，伤痛不已的屈原于农历五月初五自沉于汨罗江。屈原虽去，但他对社会现实的批判，对理想的执著追求，对自我品性、才能的肯定，以及强烈的爱国精神，却永远留给

屈原

元 张渥《屈原〈九歌〉之湘君》（局部）

了后世文人，成为中国知识分子重要的精神力量。

不仅如此，屈原的形象在民间也是历千年而不衰。传说屈原去世后，楚国的老百姓纷纷划着船，想在江上打捞他的身体。有些人还把饭团扔进江里，说是让鱼虾吃饱，就不会去咬诗人的身体了。后来，每年农历的五月初五，人们就会赛龙舟、吃粽子，以此来纪念屈原。这些风俗一直流传到今天，这就是端午节的由来。

三、先秦散文和成语故事

在我们学习汉语的过程中，会发现汉语中有很多由四个字组成、含义丰富的固定结构，这就是成语。很多成语背后都有着流传千年的故事，即使到今天，中国人仍然会经常使用成语，来达到言简意赅的目的。成语实际上就像中国文化的密码，植根于每个读书人的心中。

很多现在经常使用的成语出自先秦时期的散文。先秦散文主要产生于战国时期，那是中国历史上有名的乱世，大大小小几十个诸侯国像大鱼吃小鱼一样互相争斗，后来还剩下七个比较强大的诸侯国，这就是"战国七雄"。在这样的时代背景下，有一些读书人，或者把自己的政治主张写进书里，传授给学生，或者奔走在各个诸侯国之间，直接游说君王。有时，为了让别人更好地接受自己的建议，他们用一些生动活泼的故事来讲道理，这就形成了很多成语故事。比如有一次，楚国的国王糊涂又无能，每天只知道吃喝玩乐，结果后来楚国被秦国打败，楚王也逃到了别的地方。楚王非常后悔，问大臣还有没有办法补救。他的大臣看到楚王真心想改正错误，于是讲了这样一个故事。从前，有个人养了一群羊，一天早晨他发现少了一只，仔细检查，原来是羊圈破了个洞，晚上

战国 九连墩楚墓出土双凤玉佩

战国 曾侯乙墓出土青铜冰鉴

有一只羊丢了。邻居们劝他赶快修好那个洞,这个人却说:"没关系,反正羊已经丢了。"结果第二天,他又少了一只羊。这时他很后悔没有听从邻居的建议,于是他马上补好了那个洞。后来,他再也没有丢过羊。这就是成语"亡羊补牢"的来历。楚王听懂了这个故事,他立刻改正错误,使楚国得到了振兴。所以,人们现在用这个成语比喻出了问题以后,如能及时想办法补救,可以防止继续受损失。

有时,成语还蕴含着丰富的人生哲理,比如"塞翁失马"这个成语。从前,一个老头和他的儿子住在边塞上。一天,他们家的马丢了,怎么找也找不到,邻居们都劝他们不要太难过,只有这个老头说:"这也许是件好事呢!"听了这话大家都很奇怪。没想到过了几天,丢失的马自己又回来了,而且还带来了另一匹骏马。邻居们都来祝贺,可是老头并不高兴,他说:"谁知道这是不是件坏事呢?"后来,他的儿子因为骑这匹骏马不小心摔断了腿,这一次邻居们都来慰问,没想到老头又说:"这不一定是件坏事啊。"果然,一年后,因为敌人的进犯,这个地方的年轻人都去打仗了,只有老头的儿子因为腿跛而保全了性命。所以,"塞翁失马"这个成语提醒人们,有时好事可能会带来坏的结果,千万别太骄傲,而坏事也可能出现好的结果,什么时候都不要失去希望。

现在,中国的小朋友们还常常会玩"成语接龙"的游戏,他们用这种方法学习成语,慢慢了解中国文化的魅力。

四、唐诗

说起中国文学,人们往往会首先想到唐诗,想到那一首首流传千古的名诗,和诗背后那些伟大的名字,王维、李白、杜甫、白居易……的确,唐诗不仅代表着中国诗歌的最高成就,而且也是我们民族最值得珍视的财富之一。

那么,为什么唐代能成为中国诗歌的黄金时代?这首先和当时官方的大力提倡是分不开的。因为在唐代,读书人为了做官要参加各种考试,其中最荣耀最有前途的考试,就是按规定的题目作诗。所以读诗、写诗,是每个读书人从小就要接受的训练;会作诗、作好诗,更是他们渴望实现的目标。诗人不但受人尊敬,甚至有可能会因为一首诗受到帝王的赏识而平步青云。唐朝中期时有个诗人名叫李涉,传说有一次他坐船时,船被强盗劫持,可当强盗听说船上坐的是李涉,立刻不再抢劫船上的财物,还要李涉作诗相赠,得到李涉的诗很高兴,最后还送给李涉很多礼物。还有一个故事说,唐德宗需要秘书,大臣们推荐的人他都不满意,于是他亲自点名,让一个叫韩翃的人来担负这个官职。可当时有两个人都叫韩翃,一个是诗人,一个是将军,到底是哪一个呢?等大臣们再问唐德宗时,他写下了"春城无处不飞花"的诗句,原来唐德宗是要让写下这首诗的韩翃给自己当秘书。正是在这种风气的影响下,上至皇帝大臣,下到普通百姓,上至宫廷官府,下到酒肆茶楼,到

唐 韩干《照夜白图》(局部)

处都有吟诗作对的声音。

为了写好诗,诗人们也煞费苦心。白居易为了把诗写得通俗易懂,传说他写好诗后,常念给八十岁的老婆婆听。所以白居易的诗既有很高的艺术水平,又有广泛的读者群。"童子解吟长恨曲,胡儿能唱琵琶篇",是说他的名诗《长恨歌》和《琵琶行》连小孩子和边疆民族的人都会吟唱。贾岛是有名的"苦吟"诗人,他经常为诗中用哪一个字而冥思苦想。有一次,他写下"鸟宿池边树,僧敲月下门"的诗句,描写一个有月亮的晚上,鸟儿栖息在池塘边的树上,僧人轻敲柴门。但一开始对于最后一句该用"敲"字,还是用"推"字,他琢磨了好长时间。他一边走一边想,用手比划着推、敲的姿势,结果闯进了大官韩愈的仪仗队中,被抓了起来。韩愈问他怎么回事,贾岛如实相告。韩愈也是个大诗人,听后很感兴趣,想了一会儿说,还是"敲"字好。就这样,贾岛和韩愈成了好朋友,"推敲"一词成为词语流传了下来,意思是反复考虑。

在诗人们的努力下,唐诗反映了广阔的社会生活。有借山川风物来

唐 李思训《江帆楼阁图》

抒发人生的哲理，比如王之涣《登鹳雀楼》："白日依山尽，黄河入海流。欲穷千里目，更上一层楼。"西沉的落日，连绵的山脉，奔腾入海的黄河，而如果想看到千里之外的景色，就要再上一层楼。有歌颂朋友间真挚的情意，比如王维《送元二使安西》："渭城朝雨浥轻尘，客舍青青柳色新。劝君更尽一杯酒，西出阳关无故人。"清晨的一场雨过后，杨柳翠绿，天清气朗，请你再喝一杯酒吧，西出阳关之后就没有老朋友了。有描绘爱情的相思缠绵，比如李商隐《夜雨寄北》："君问归期未有期，巴山夜雨涨秋池。何当共剪西窗烛，却话巴山夜雨时。"你问我回家的日期，我也不知道什么时候可以回去。什么时候才能与你一起在西窗边剪烛夜谈呢？也许那时我们说的是今晚这一夜的雨。

再加上唐诗很讲究押韵，非常富有音乐的美感。所以无论是过去、现在，还是将来，相信每一个中国人读唐诗时都会产生一种由衷的快乐与自豪。今天，我们还在读唐诗，在小学、中学、大学的课堂上，在工作的闲暇，在感动的时刻。人们常说："熟读唐诗三百首，不会作诗也会吟。"意思是，如果能熟读三百首唐诗，那你就是半个诗人。

五、王维

当你与爱人、朋友分别时，什么样的礼物最能够传达彼此之间的情意？唐代大诗人王维给出的答案是红豆。在《相思》这首诗中，他写道："红豆生南国，春来发几枝？愿君多采撷，此物最相思。"南国的春天，今年红豆已经萌芽了，共有几枝呢？请你多多采撷啊，因为红豆是最能表达思念之情的。

王维可以说是唐代最多才多艺的诗人之一，他不但诗写得好，而且还精通书画，善弹琵琶。他在少年时就已经才华横溢，十七岁时写下了著名的《九月九日忆山东兄弟》："独在异乡为异客，每逢佳节倍思亲。遥知兄弟登高处，遍插茱萸少一人。"那是重阳节来临时，诗人独自客居他乡，想到兄

(传)唐 王维《雪溪图》

(传)唐 王维《江干雪霁图》(局部)

弟们在这一天都会身披香草登高望远,唯独自己不在其中,于是思乡之情变得格外浓厚。这首诗用朴素的语言表达真挚的感情,千百年来不知感动了多少人。直到今天,每当人们思念远方的亲人时就会想起它。

王维二十岁时在科举考试中考了第一名,从此踏入仕途,并且成为当时诗坛的领袖。但他却希望能像山林中的鸟雀一样,过一种自由自在、与世无争的生活。再加上他后来笃信佛学,所以又有"诗佛"的称号。

品味王维的诗,的确有一种远离尘世的静谧,诗中有诗情、画意、哲理互相融合的意境美,这就是宋代大词人苏轼所说的"诗中有画,画中有诗"。比如《鸟鸣涧》:"人闲桂花落,夜静春山空。月出惊山鸟,时鸣春涧中。"诗人在闲静之际,观察到桂花飘零的样子,是明亮的月光惊扰了山鸟,还是鸣叫的山鸟打破了月夜的宁静?可鸟声过后,月夜更静,山林更空。这种以动衬静的手法在王维的诗中很常见。又比如《鹿柴》:"空山不见人,但闻人语响。返景入深林,复照青苔上。"这首诗写诗人隐居的地方——鹿柴黄昏时的景色:

清冷的空山杳无人迹,却传来了声声人语;只见一缕反射的夕阳光辉透过树林,映照在树下的青苔之上;然而这声声人语、浅浅青色、片片亮光、斑斑影子,却让山更加幽静无边。

对于生活在现代社会的人们来说,王维的诗好像是一杯清凉的香茗,安静自然地散发着淡淡的幽香。当我们"握"在手中、品在心里,诗中所传达的浓厚诗意和美好情趣,更是深深打动着每个人的心灵。

六、李白

诗人一般都是浪漫的,但提到最具浪漫特色的中国诗人,人们首先会想到唐代大诗人李白。

李白的很多诗里都充满了神奇的想象,似乎可以把人带到神仙居住的奇幻世界,所以人们称李白为"诗仙"。李白就像一位洒脱狂放、云游万里的仙人一样,游历了中国很多秀美的山河。在他的笔下,黄河之水奔涌而来,《将进酒》:"君不见黄河之水天上来,奔流到海不复回。"庐山瀑布一泻千里,《望庐山瀑布》:"飞流直下三千尺,疑是银河落九天。"蜀道艰险难行,《蜀道难》:"蜀道之难,难于上青天。"可是"诗仙"李白又是寂寞的,所以他的愁思也不同凡响。《秋浦歌》:"白发三千丈,缘愁似个长。"《将进酒》:"呼儿将出换美酒,与尔同销万古愁。"《宣州谢朓楼饯别校书叔云》:"抽刀断水水更流,举杯销愁愁

李白

更愁。"

"何以解忧,唯有杜康",李白喜欢用喝酒的方式来解忧消愁,而且他很爱喝酒,所以"诗仙"李白同时还是"酒仙"。比如《月下独酌》:"花间一壶酒,独酌无相亲。举杯邀明月,对影成三人。"诗人独自一人在月光下喝酒,突发奇想,邀请月亮与他同饮,于是明月、诗人和诗人的影子成了三个人,在一起畅饮。杜甫在《饮中八仙歌》中这样描绘李白:"李白一斗诗百篇,长安市上酒家眠。天子呼来不上船,自称臣是酒中仙。"意思是,李白喝一斗酒就能写上百篇的诗,酒醉后倒在长安的酒店里呼呼大睡,即使皇帝召见,他也不理睬,还称自己是酒中的仙人。

清 苏六朋《太白醉酒图》
（局部）

所以,李白的一生,就像他的诗歌一样充满神奇。他自信狂放,当第一次受到皇帝的召见时,"仰天大笑出门去,我辈岂是蓬蒿人",迈着大步、仰天长笑着走出家门,我怎么能是普通人!他傲视权贵,传说他曾经让皇帝最喜爱的杨贵妃为他磨墨,让最有势力的宦官高力士给他脱鞋子,"安能摧眉折腰事权贵,使我不得开心颜"。但当面对淳朴善良的老百姓时,狂傲的李白变得平易、真挚、恳切。比如《宿五松山下荀媪家》:"我宿五松下,寂寥无所欢。田家秋作苦,邻女夜舂寒。跪进雕胡饭,月光明素盘。令人惭漂母,三谢不能餐。"诗人投宿在五松山下荀姓的老妇家,觉得孤独寂寞无所欢愉。可当看到农人秋收劳作的艰苦,邻家女在寒夜中捣谷做饭,然后恭敬地给自己端上香喷喷的米饭时,这种诚挚的情意让诗人非常惭愧,他多次辞谢,不忍进餐。

这就是李白,他像瑰丽的唐三彩一样,散发着热烈、激情、豪放和神奇的光芒,为唐诗添上了最亮丽的光辉和色彩。

七、杜甫

如果说李白是瑰丽的唐三彩,那么唐代另一位大诗人杜甫则像是厚重的青铜器。中华民族是一个饱经苦难的民族,但自有杜甫的诗后,每当个人或民族面临苦难时,人们都会一再吟诵他的诗,以激励自己、激励民族渡过难关,所以我们称杜甫为"诗圣"。

杜甫和其他中国传统知识分子一样,心怀兼济天下的理想。年轻时的杜甫壮志满怀,希望"致君尧舜上,再使风俗淳",但是当时唐朝统治的腐败让他的理想根本无法实现。由于仕途失意,志向难酬,杜甫曾困守长安长达十年之久。安史之乱爆发,诗人颠沛流离。在这期间,他饱尝世态炎凉、艰难困顿,经常衣食无着。但是低微的地位、贫困的生活并没有击垮杜甫,反而锻炼了他坚韧的性格,同时让他不断接近社会下层的百姓,了解统治的黑暗。正是由于自身的遭遇使他真切了解到人民的痛苦,杜甫用诗歌描绘民生的疾苦,反映时代的苦难,创作出被后人称为"诗史"的作品。这些诗中有国家的劫难,比如《春望》:"国破山河

杜甫

杜甫草堂

在,城春草木深。"安史之乱造成国家动荡、民生凋敝,令人伤痛,但山河无知、草木无觉,春天时,长安城里仍然草木葱郁。有百姓的悲惨生活,比如《自京赴奉先县咏怀五百字》:"朱门酒肉臭,路有冻死骨。"高堂大户家里的酒肉都发臭了,可是路边却有被冻饿而死的人的骨头。

后来杜甫流落到成都,在友人的帮助下修建了"草堂"。在这里,诗人度过了一段短暂的比较安定的时光。离开了战乱,他的诗变得优美而富有生趣。比如《客至》:"舍南舍北皆春水,但见群鸥日日来。花径不曾缘客扫,蓬门今始为君开。"意思是,我居住的茅屋,南北都有春水环绕,天天只看见成群结队的鸥鸟前来。门前飘满了落花的小路,还不曾扫过,今天因为客人您的到来扫过了;茅舍简陋的家门还不曾为客打开过,今天为您打开了。比如《江村》:"自去自来梁上燕,相亲相近水中鸥。老妻画纸为棋局,稚子敲针作钓钩。"梁上燕和水中鸥与诗人如同一家,来去自由,相亲相近。老妻用纸画棋谱,小孩子敲针作鱼钩。诗人终于享受到久违的天伦之乐。

杜甫还常常想起李白,虽然他们只见过很少的几次面,但一见如故,引为知己。杜甫在《梦李白》中写道："冠盖满京华，斯人独憔悴。"在繁华的长安城里，到处是达官显贵，志得意满，趾高气扬，唯独李白，却偏偏命运坎坷，憔悴不堪。这不只是写李白，也是在写诗人自己。770年的冬天，在漂泊湖湘的一条孤舟里，杜甫永远搁下了那支"惊天地，泣鬼神"的如椽巨笔，离开了人间。

因为有李白和杜甫，我们知道了中国文学的想象、激情、厚重，以及面对苦难时的坚韧，这也是我们民族的古典之心。

八、宋词

在中国文学的发展历程中，可以与唐诗并峙的另一个高峰，就是宋词，它们共同成为中国文学悠久历史中最亮丽的双架彩虹。

词在当时是可以配合音乐歌唱的。从唐代起，它就开始在民间流行，被称为"新声"，就好像我们现在的流行音乐。到了宋代初期，商业的发展推动了城市的繁华，宴饮歌舞之风盛行。上至皇帝，下到歌女，或是听新声，或是唱新曲。特别是活跃

清 王时敏《杜甫诗意图》一帧

宋 佚名《高阁凌空图》

在秦楼楚馆、舞榭歌台的歌女,她们把自己了解的民间曲谱提供给词人,词人依照曲谱创作出新词,再由歌女演唱,从而广泛传播。

柳永可以说是与社会底层的歌女交往最密切的词人。精通音乐、才华横溢的他因为仕途失意,经常出入于市井里巷,根据自己听到的"新声"来作词。所以,柳永的词有表现个人的离愁别绪,比如《雨霖铃》:"多情自古伤离别,更那堪冷落清秋节!今宵酒醒何处?杨柳岸、晓风残月。"多情的词人在一个萧瑟的秋天离开京都,不知今夜酒醒之时自己会身在何处,只见岸边杨柳依依,清风中一弯残月飘浮。也有描绘都市生活的繁华,比如《望海潮》:"东南形胜,三吴都会,钱塘自古繁华。烟柳画桥,风帘翠幕,参差十万人家。""钱塘"就是现在的杭州,柳永在那儿生活过一段时间,在他的笔下,杭州清幽秀美、富丽非凡。这首词用铺叙的手法浓墨重彩地写出了杭州自然风光的美丽和都市的繁华。柳永的词在当时影响非常大,使宋词委婉柔美的一派风格即"婉约派"得到了很大发展。传说"凡有井水饮处,即能歌柳词",意思是,只要是有井水的地方,就有人在唱柳永的词。

"婉约派"另一个重要代表是女词人李清照。她年轻时与丈夫恩爱,生活富足,两人一起搜集整理书画,过着神仙眷侣的生活。所以那时她的词风清丽,比如《如梦令》:"昨夜雨疏风骤。浓睡不消残酒。试问卷帘人,却道'海棠依旧'。知否,知否?应是绿肥红瘦。"春夜里的一场风雨,让词人预感庭园中的花朵可能会飘零坠落。因此,第二天清晨她急切地询问卷帘的

(传)南宋 刘松年《十八学士图》(局部)

仆人,但粗心的"卷帘人"却说海棠依旧。不会吧,不会,词人连连疑惑,这时只可能是绿叶苍翠而红花凋零啊。后来金军进犯,北宋灭亡,李清照夫妇流落到南方,丈夫不幸病死,留下李清照一个人孤独在世。这时她用词描写个人孤苦的生活、凄凉的心境,比如《永遇乐》:"如今憔悴,风鬟霜鬓,怕见夜间出去。不如向、帘儿底下,听人笑语。"过去的元宵佳节,自己曾花枝招展与女伴们相偕观灯。如今呢,形容憔悴,两鬓染霜,最怕在灯火阑珊的夜里抛头露面。唉,不如闭门深坐,在帘儿底下听人们说说笑笑。

宋 佚名《荷亭消夏图》

除了"婉约派",宋词的另一个重要流派是"豪放派",它的开创者就是一代大词人苏轼。

九、苏轼

苏轼

当现代的我们听到:"明月几时有?把酒问青天。不知天上宫阙,今夕是何年。我欲乘风归去,又恐琼楼玉宇,高处不胜寒。起舞弄清影,何似在人间!"无不为之唏嘘感叹,渴望在中秋月圆之时,能与分别的亲人,"但愿人长久,千里共婵娟"。这正是苏轼的这首《水调歌头》千载传颂的魅力所在。

苏轼写这首词时,正在密州任职,与同为"宦游人"的弟弟苏辙已经好几年未曾相见。那夜,皓月当空,苏轼与客人一起赏月饮酒,自然格外想念苏辙,于是即兴写出了这首《水调歌头》。这首中

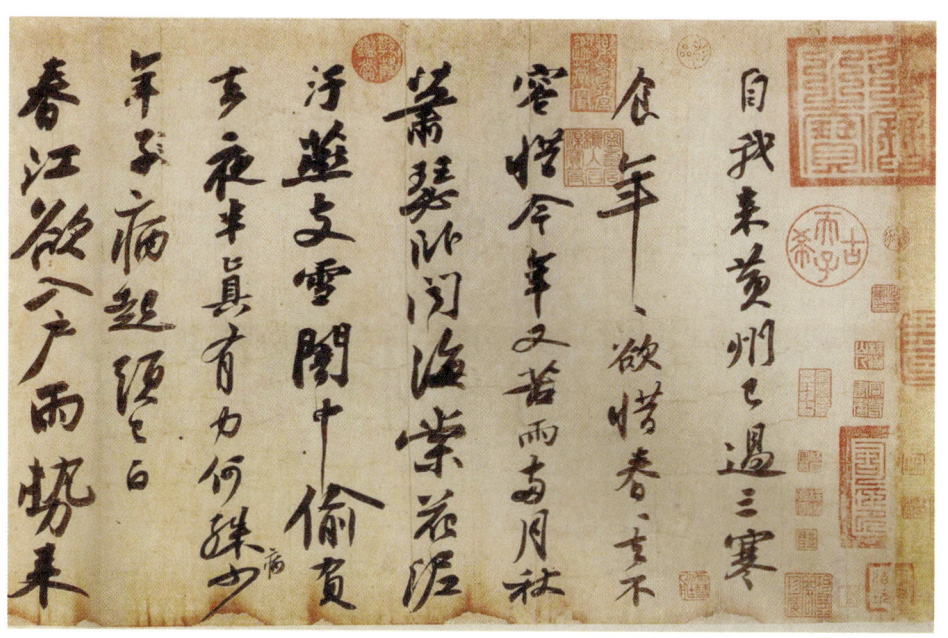

北宋 苏轼《寒食帖》

金 武元直《赤壁图》绘苏轼游赤壁

秋词的出现,仿佛是群星中的一轮明月,让周围的星星都显得黯淡无光。

出身于文学世家的苏轼,可以说是宋代最多才多艺的词人之一。除了文学创作外,他还擅长书法和绘画。

苏轼为人坦荡豪爽,他不满足柳永等人柔情的词风,希望词可以像诗一样充分表现作者的性情怀抱和人格个性,于是创作出刚健有力的豪放之词,大大开拓了词的意境。比如《念奴娇·赤壁怀古》:"大江东去,浪淘尽、千古风流人物。故垒西边,人道是、三国周郎赤壁。乱石穿空,惊涛拍岸,卷起千堆雪。江山如画,一时多少豪杰!"这是苏轼来到赤壁,看到壮丽的山川,想到当年的英雄人物——周瑜,心生思古之幽情。想到自己已经四十多岁了,"早生华发",却功业未成,而且遭到贬黜,和三十左右就功成名就的周瑜相比,不禁深自感愧。所以,从怀古到伤己,词人最后自叹"人生如梦,一樽还酹江月",只能举杯邀江上清风、山间明月,一醉消愁。这首词成为宋代"豪放派"词作的代表。在宋代,人们说,柳永的词,适合十七八岁的女孩子执红牙板,唱"杨柳岸、晓风残月",苏轼的词,得关西大汉持铜琵琶、铁绰板,唱"大江东去,浪淘尽"。

第四讲 光辉璀璨的中国文学

苏轼还是一个美食家。据说苏轼发明了多道美食，其中关于"东坡肉"的故事很有名。苏轼在杭州担任知州时，带领大家抗旱救灾，又疏浚西湖、清除淤塞，使西湖得以发挥水利作用。老百姓们感激他，过年的时候，送了许多猪肉给他。苏轼带着家人把肉切成方块，用他发明的烹调方法烧得红酥酥的，分送给参加疏浚西湖的民工们吃。大家吃后，赞不绝口，于是就用他的号"东坡"来命名这道菜，表达对这位"为官一任，造福一方"的官员兼大文豪的爱戴。豪放、幽默、富有生活情趣，在宋代文学家中，就受到后人广泛喜爱的程度而言，苏轼是无与伦比的。

十、明清四大小说

在中国传统的文学观念中，诗词和散文是文学的正宗，至于小说，总是被当作街谈巷议，不能登大雅之堂，因此长期不受重视。直到明清时期，中国的小说得到了迅速发展，出现了很多优秀的作品，其中《三国演义》《水浒传》《西游记》《红楼梦》这四部长篇小说成就最高，被誉为"四大古典小说"或"四大名著"。

《三国演义》是中国第一部长篇历史小说，是作者罗贯中根据历史资料和民间传说编写而成的。它描绘了西晋统一以前魏、蜀、吴三国之间的政治和军事斗争，塑造了一批叱咤风云的历史人物，比如礼贤下士、知人善任的刘备，足智多谋的诸葛亮，忠勇双全的关羽，既有雄才大略又残暴奸诈的曹操，等等。而这些人又演绎出一个个精彩的故事，比如"三顾茅庐"：刘备听说隐居在隆中茅草屋的诸葛亮是个杰出人才，于是专程拜

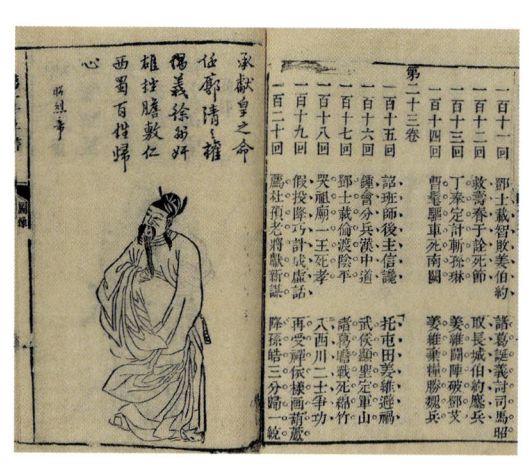

《三国演义》书影

访。他前后去了三次,前两次都没见到诸葛亮,第三次才终于见到。他们俩一同探讨时局,共商一统天下的计策。刘备非常佩服诸葛亮,拜他为军师;而诸葛亮也被刘备"三顾茅庐"的诚意打动,答应出山帮助刘备夺取天下。从此,诸葛亮就成为刘备最得力的助手。像"草船借箭"就是诸葛亮的杰作。故事是这样的:孙权、刘备联合抵抗曹操,双方在长江两岸摆开阵势。孙权手下的大将周瑜忌妒诸葛亮的才干,让诸葛亮在十天内负责赶造十万支箭,没想到诸葛亮三天后就完成了任务。原来诸葛亮命令士兵在二十条船上扎满了稻草人,趁着大雾迷漫时开到江上,当靠近曹军水寨时,曹操以为对方来进攻,又因雾大怕中埋伏,于是派几千名弓箭手朝江中放箭,雨点般的箭纷纷射在草靶子上。过了一会儿,诸葛亮又命船掉过头来让另一面受箭。诸葛亮就这样从曹操那儿"借"了十万支箭。虽然三国时代早已成为历史,但《三国演义》中的人物和故事却一直被中国人津津乐道。

《水浒传》是中国第一部描写农民起义的长篇小说,它的作者相传是施耐庵。小说以北宋后期水泊梁山的一次农民起义为主要事件,描写了一百零八个英雄好汉被逼上梁山、揭竿而起的经历。《水浒传》中也有很多脍炙人口的故事,其中非常有名的一个是"武松打虎"。武松回家看望哥哥,走了几天,看见路边有个酒家,酒旗上写着"三碗不过冈"五个大字。又饥又渴的武松进酒店后,连喝三碗,酒家就不再给他端酒了。武松觉得很奇怪,店

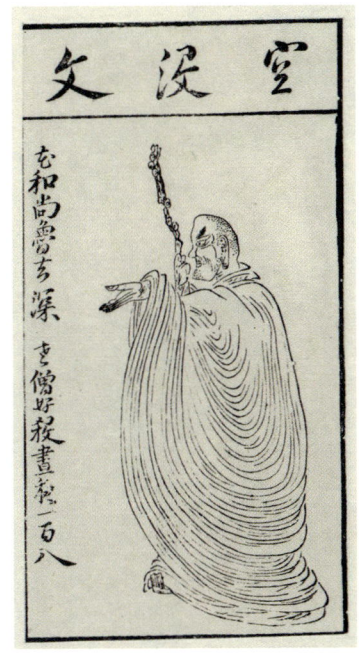

明 陈洪绶版画《水浒叶子》之鲁智深

清 佚名《西游记图》一帧

里的伙计解释说因为他们的酒劲儿很大，一般客人喝三碗就醉了，过不了前面的山冈，因此叫"三碗不过冈"。听完之后，武松大笑，他一口气又喝了十五碗酒。后来武松就是凭着这股酒劲和本身的勇敢、力气，赤手空拳打死了景阳冈上的老虎。现在，武松打虎的景阳冈已经成了一个有名的旅游景点，而《水浒传》也多次被改编成影视剧广为流传。

在中国，最有名的猴子不是在动物园，而是在《西游记》这部小说里，它的名字叫孙悟空。《西游记》是作者吴承恩根据唐朝高僧玄奘去印度取经的历史加以想象而写成，描写了唐僧、孙悟空、猪八戒、沙和尚师徒四人取经路上的艰难险阻，小说中最成功的形象就是孙悟空。它是一只从石头中迸出的猴子，通过拜师学会了可以任意改变形象的七十二变，以及一个筋斗云就能翻十万八千里的本领，又独闯东海龙宫得到了长短伸缩自如的金箍棒。孙悟空因为不满玉皇大帝让它做养马官，于是大闹天宫，后来被如来佛压在了五行山下，直到唐僧路过才把它解救出来。从此，孙悟空护送唐僧去西天取经。一路上，它凭借自己的机智、勇敢和高超的本领战胜了一个又一个妖魔鬼怪，化解了一次又一次危机险情。所以在中国人的心中，孙悟空不是一只普通的猴子，而是正义、智慧、勇敢的象征。

猪八戒也是一个有趣的形象，它本来是天上的天蓬元帅，因犯错被降至人间化为猪的形象。它有点馋、有点懒、有些笨，还爱耍滑头。但它又善良可爱，因此成为师徒四人取经路上的"开心果"。在中国，《西游记》中的神怪故事以及孙悟空、猪八戒的形象可以说是深入人心，尤其是深得小孩子们的喜欢。

中国四大古典小说在艺术上的巅峰之作是曹雪芹的《红楼梦》。小说描写了四个大家族中以贾宝玉和林黛玉为中心的一群青年男女的生活和爱情故事。贾宝玉虽然是贾家的贵公子，但心地纯洁善良，蔑视功名利禄，对于身边的年轻女性充满尊重与同情。他喜欢孤芳自赏、多愁善感的林黛玉，但是他们的爱情因为不被封建贵族家庭接受，而以悲剧告终。小说涉及清代社会政治、法律、宗法、道德、婚姻等多方面的问题，细致地描绘了贵族家庭吃、穿、用、娱乐等多方面的情况，展现了当时的人情世态和封建制度的罪恶及其终将衰败的趋势。可以说，《红楼梦》是一部清代社会生活的百科全书。这部小说问世不久，就有"开谈不说《红楼梦》，读尽诗书也枉然"的

清 孙温 《红楼梦图》一帧

说法，意思是如果你不读《红楼梦》，那么读再多的诗词都没有用。20 世纪 80 年代，电视连续剧《红楼梦》的播出在中国当代年轻人中间引发了一次重读《红楼梦》的热潮。《红楼梦》也多次被改编成戏曲和电影，是人们最熟悉的经典小说之一。

第五讲
异彩纷呈的中国戏剧与电影

一、中国京剧的行当

京剧是中国传统剧种之一，至今已有两百余年的历史，因为它最终形成于北京，所以得名为"京剧"。京剧具有高度的艺术性，传统剧目有一千多出，其中许多是中国老百姓耳熟能详的艺术经典。正因如此，京剧不仅是中国传统戏曲的典型，也是中国传统文化的杰出代表之一，被称作中国的"国粹""国剧"，享誉世界。

京剧在表现人物时采用类型化的手段，根据性别、年龄、身份、性格，将角色加以分类，并在化妆、服装、表演方式等方面刻意区分，这就形成了"行当"。京剧主要有生、旦、净、丑四大行当，在上千出京剧剧目中，虽然角色多得不可胜数，却

京剧生角扮相

都可以归入生、旦、净、丑四大行当。

生行扮演男性角色。其中老生是富有正义感的中老年男性，为突出年龄特点，角色往往会戴上假胡须，所以也叫"须生"；武生扮演那些武艺高强的男性角色，出场时身上佩带着兵器；而小生则是文雅、英俊的青年男子。

旦行扮演各种不同年龄、气质、身份的女性角色。老旦扮演庄重的老年妇女；青衣扮演知书达理、端庄贤淑的中青年妇女，因所扮演的角色常穿青色的服装而得名；花旦则往往穿色彩艳丽的服装，代表活泼开朗、性格泼辣的青年女子；而武旦顾名思义是那些精通武艺的女性角色。

京剧旦角扮相

净行扮演各种性格粗鲁豪放、相貌有突出特点的男性角色。为了突出人物的性格、相貌特点，角色的脸上往往会涂抹大量五颜六色的颜料，所以又称"花脸"。净行主要包括铜锤花脸和架子花脸。前者主要扮演那些正直稳重的官员，以唱功为主，也叫"大花脸"；后者大多扮演勇猛粗鲁的武将或阴险狠毒的奸臣，在表演上更注重身段、功架、唱功的结合，也叫"二花脸"。

京剧净角演出

丑行专门扮演各种相貌不佳、滑稽可笑的角色，其中既有阴险狡诈的小人，也有正直善良的好人。由于舞台上这类角色的鼻梁上都抹着一块白色的颜料，跟净行的大花脸、二花脸一样要勾画脸谱，所以也被称为"三花脸"或"小花脸"。丑行主要包括"武丑""文丑"两种，武丑是会武艺的丑角，而文丑是不会武艺的丑角。此外，还有"彩

京剧丑角演出

旦"，一般指滑稽刁钻、扮相怪诞的女性丑角。

　　行当是适应戏曲程式化的表演方式而产生的一种体制，是一种塑造人物的手段。对于京剧演员来说，一旦掌握了基本功，就要学习、钻研一个行当的技巧，日后专门从事这一行当的表演。在中国京剧两百多年的发展中，各个行当都涌现出了不少杰出的艺术家，如"四大名旦""四大须生"等，各行当内部也形成了各种不同的表演流派，异彩纷呈，从而为京剧艺术增添了无穷魅力。

二、五彩斑斓的京剧脸谱

　　脸谱是中国古代戏曲特有的一种化妆方式，是用不同的颜色在角色的脸上勾画出特定的图案。许多历史悠久的剧种，如川剧、粤剧、豫剧、徽剧等都有脸谱，并且各具风格，其中京剧的脸谱最为人们熟知，成为中国传统戏曲脸谱艺术的代表。

　　脸谱丰富了京剧的舞台美术效果，但勾画脸谱却不仅仅是为了好看，而主要是出于刻画人物的目的。它采用夸张的线条，在人物脸上勾画出不同图案，既突出人物的相貌特征，也象征其性格、品质。当然，并不是所有人物都需要这种夸张的形象，通常生、旦只需略上脂粉，而净、丑才是勾画脸谱的主要行当。净行的脸谱色彩纷呈，而且图案样式繁多，所以净行也被称作"花脸"。而丑行的脸谱相对简单，色彩也不如净行那么丰富，所以丑行也叫"小花脸"。

　　京剧的脸谱可不是随意画成的，这其中大有讲究。经过表演艺术家们的不断实践，脸谱在色彩、图案上都

京剧脸谱

京剧《盗御马》中的窦尔敦

京剧《闹天宫》中的二郎神

形成了一套约定俗成的规则。拿颜色来说，脸谱的不同基色被赋予不同的象征意义和感情色彩，红脸通常象征忠勇刚直，黑脸象征威严或豪爽莽撞，蓝脸象征刚直、桀骜不驯，白脸则象征奸诈狠毒。以京剧舞台上久演不衰的三国戏为例，义薄云天的关羽是红脸，性格莽撞的张飞是黑脸，奸诈多疑的曹操则是白脸。倘若脸谱绘成金色或是银色，则代表着某种神秘色彩，一般勾画这种脸谱的角色是神仙或精怪，比如神猴孙悟空的脸谱就为金色。脸谱的图案主要是指眉、眼、鼻、口及面部其他部分的图形及花纹，这其中的花样就更多了。比如，眉毛有剑眉、棒槌眉、云纹眉、火焰眉、飞蛾眉等不同画法，眼睛有鸟眼、三角眼、蝶翅眼、垂老眼、吊客眼等不同形状，鼻窝可以画成山形翻孔鼻窝、虎形鼻窝、花鼻窝、蝠形翻鼻窝等，人物的额头上还可以画上火焰、月牙儿、虎字、太极图、葫芦等各种图案……这些都体现出不同角色的年龄、身份、性格。正是由于京剧脸谱具有这种勾画规律，观众即使不了解剧情，仅凭人物的脸谱往往就可以对其性格、品质猜出个八九不离十了。

色彩斑斓、绘制精美的脸谱历来深受中国戏曲观众的喜爱，并早已跨越出戏曲舞台，融入人们的日常生活和审美情趣中。不仅传统风格的工艺品上常常绘有京剧脸谱，许多时装设计师也把它当作时尚元素，带上时装秀的舞台。古老的脸谱伴随着悠久的戏曲文化，一起在人们的现代生活中传承发展。

三、电影《霸王别姬》与京剧的"男旦"

许多外国朋友也许并不了解京剧,但看过反映京剧演员生活的电影《霸王别姬》,被其中爱恨纠缠的故事、悲欢离合的人物命运所打动。

影片从 20 世纪 20 年代讲起。出身贫寒的小豆子是妓女的儿子,为了谋生,九岁就被母亲送到戏班子里。因为他生得眉清目秀,所以学习唱旦角,并起艺名"程蝶衣"。蝶衣长大后,扮相俊美、演技一流,成了红极一时的名角,但自幼唱旦角的经历也使他的心理产生了变化、扭曲,他竟深深地爱上了师兄段小楼。可是小楼娶了妓女出身的菊仙,这让蝶衣痛苦万分。在战乱动荡的旧中国,京剧演员往往被达官贵人视为玩物,而身为旦角的蝶衣命运更是坎坷多舛。终于迎来了新中国的诞生。但在"文化大革命"时期,蝶衣、小楼都遭到了造反派的批斗,在造反派的威逼审讯下,蝶衣、小楼被迫互相揭发。菊仙不堪忍受巨大的精神压力,上吊自尽。"文化大革命"结束后,蝶衣最后一次与小楼合演了京剧《霸王别姬》,在完成自己的绝唱后,带着破碎的人生理想和艺术追求,自刎身亡。

这部《霸王别姬》是一部很有名的中国电影,还曾获第 46 届法国戛纳国际电影节最佳影片金棕榈奖。影片中,程蝶衣这个角色尤其感人至深。一些外国朋友常常提出这样的疑问:程蝶衣明明是男子,为什么在京剧舞台上专门演女人呢?其实,这是中国古代戏曲的一种传统体制——"男旦"。

在清代时,由于封建思想的禁锢,女性被禁止进入戏院看戏,女演员也被禁止从事舞台表演,因此许多剧种都由男演员来扮演女性角色,这其中京剧的男旦数量最多、影响最大。京剧的男旦大都由相貌清秀的青年演员担任,他们在舞台上不仅穿着女性的服装,而且演唱时模仿女性尖细的嗓音,肢体上模仿女性柔美的动作,以求达到以假乱真的效果。一些男旦演员还在形似的同时追求神似,并且利用自身的生理特点,在舞蹈和武打动作上展现出高超的技巧。经过长时间的发展,形成了一批具有高度艺术修养和精湛表演技艺的著名男旦。20 世纪二三十年代,梅兰芳、程砚秋、荀慧生、尚小云

梅兰芳与斯坦尼斯拉夫斯基

京剧《霸王别姬》剧照（梅兰芳扮演虞姬）

四位京剧大师在男旦的表演、唱腔上形成了不同的风格，被誉为"四大名旦"。其中，梅兰芳先生以秀丽端庄的扮相、圆润甜美的嗓音、纯熟精准的表演，被认为是"四大名旦"之首。1919年梅兰芳先生率领剧团赴日本演出，中国京剧开始走出国门。此后，他又多次率团到日本、美国、苏联演出，国外的戏剧家、观众也为梅兰芳先生精湛的表演艺术所倾倒，将他与斯坦尼斯拉夫斯基、布莱希特的不同表演风格并称为世界戏剧三大表演体系。

清代后期，女演员重新出现在戏曲舞台上，女旦与男旦各领风骚、绽放光彩。新中国成立后，男旦曾经被视作封建、落后文化的产物，一度销声匿迹，改革开放后，在老艺术家们的倡导下，人们才重新认识到男旦在中国传统戏曲中的地位以及它独特的艺术价值。近年来，一些男旦又开始在舞台上崭露头角，人们也以新的视角关注着这个古老戏曲传统的未来。

四、麒麟童和"麒派"老生

一些看过京剧的外国朋友在赞叹京剧华丽绚烂的服装、铿锵婉转的韵律的同时,心中也难免会产生这种困惑——为什么舞台上有那么多"大胡子"?其实,这跟京剧的传统有关。由于京剧形成于古代封建社会,在相当长的时间里,演员、观众都主要是男性,所以戏剧故事也多以男性为中心。那些老成持重的忠臣良将为国尽忠、为民作主的曲折故事,尤其符合男性观众的审美心理,因而老生戏在京剧传统剧目中占据了很重要的地位。京剧中戴大胡子(也叫髯口)的角色有净、丑等,不过数量最多的还是老生。由于老生戏的盛行,舞台上的"大胡子"自然也就令人目不暇接了。

由于老生戏长期是京剧舞台上的重头戏,因此在中国京剧史上曾经涌现出一大批优秀的老生表演艺术家,如程长庚、谭鑫培、余叔岩等。20世纪30年代,剧坛还出现了名噪一时的"南麟北马关外唐",指的是在上海、北京、东北三地的三位优秀的老生表演艺术家和三种不同的老生表演流派。其中"北马"指北京的马连良,"关外唐"指东北的唐韵笙,而"南麟"则指上海的周信芳。

周信芳先生六岁开始拜师学艺,七岁登台,十三岁就作为戏班中的主角到北京、天津等地演出。因为他七岁开始登台表演,所以最初起艺名为"七龄童",后来根据谐音改为"麒麟童"。周信芳曾在十五岁时嗓音变得沉厚而略显沙哑,本不

周信芳《四进士》剧照

周信芳《徐策跑城》剧照

适合再唱老生戏，但他凭借自己精湛的表演技巧和多年积淀的艺术修养，扬长避短地创造出字重腔轻的演唱方法，将唱、念、做、打有机地结合起来，深入、细腻地表现人物的内心情感，绘声绘色地刻画不同性格的戏剧人物。这种独具特色的表演风格后来形成"麒派"，并受到广大观众的喜爱。"麒派"的影响还逐渐超越了老生行当本身，扩展到其他行当和戏曲门类，不仅旦行、净行的京剧演员学习"麒派"技艺，甚至沪剧、越剧、粤剧演员也从"麒派"汲取艺术养分，衍生出了"麒派花旦""沪剧麒派老生"等风格、流派。

周信芳先生从艺六十多年，演出过近六百出京剧，代表剧目有《打渔杀家》《四进士》《乌龙院》《徐策跑城》《萧何月下追韩信》等，他所塑造的"萧何""徐策"等鲜明的艺术形象为京剧爱好者们津津乐道。周信芳先生演出的京剧《宋士杰》《徐策跑城》《下书·杀惜》等还被拍摄为戏曲电影，使后人也可以看到他的精彩的艺术表演。

五、孙悟空与猴戏

看过京剧的外国朋友们一定会对那只经常出现在舞台上的猴子记忆深刻，大家可别小看了那只神气活现的猴子，它就是大名鼎鼎的孙悟空。从古至今，无论在中国的戏剧舞台，还是电影屏幕、电视荧屏上，孙悟空的身影几乎随处可见，它真称得上是中国舞台上一位响当当的重要角色！

孙悟空形象的塑造与中国古代文学的发展有密切的关系。早在南宋时代的《大唐三藏取经诗话》中，就出现了一位忠心耿耿护送玄奘法师取经的白衣秀才猴行者，它是孙悟空形象的雏形。明代吴承恩创作的著名章回小说《西游记》，则在白衣秀才猴行者的基础上，塑造了一位机智勇敢、正直刚强、神通广大的神猴孙悟空。它无父无母，从石头中迸出，生长在无拘无束的花果山水帘洞，不仅拜师学会了七十二变和一个筋斗十万八千里的神通，还得到了一件神奇的宝贝兵器金箍棒。这位神猴生性顽皮，而且高傲、富于反抗精神。它自称"齐天大圣"，对抗天上的神仙和天兵天将，大闹天宫。斗争失败后，悟空被压在如来佛的五行山下。经过五百年的禁锢，它接受了菩萨的派遣，护送唐僧前往西天取经。在漫长的取经路上，悟空智勇双全地打败了蜘蛛精、白骨精、牛魔王、黄风怪等各路妖魔鬼怪，最终保护唐僧圆满完成了取经任务。

京剧里的孙悟空扮相

这个富于浪漫色彩的故事在中国家喻户晓，很早就被搬上了戏曲舞台，虽然剧种不同、剧情各异，但这些以孙悟空为主角的戏都被通称为"猴戏"，在中国传统戏曲中构成了一个独特的艺术体系。与其他剧种相比，京剧的猴戏最有特色，创作出了许多脍炙人口的经典剧目，如《水帘洞》《闹天宫》《十八罗汉斗悟空》等。京剧的猴戏中因为孙悟空要展现许多精湛的武术技艺，所以一般由武生来扮演，在表演上也逐渐分成了南北两大不同风格的流派。北派猴戏由人称"杨猴子"的杨月楼开

第五讲 异彩纷呈的中国戏剧与电影

京剧电影《大闹天宫》舞台版演出场景

创,著名演员还包括杨小楼、李万春、李少春等。他们讲究形神兼备,通过优美的戏曲歌舞塑造出美猴王超凡的精神气质。南派猴戏由人称"小活猴"的郑法祥开创,京剧大师盖叫天及其子张翼鹏等都曾以表演南派猴戏见长。与北派相比,南派风格更加活泼、轻巧,格外注重武技的表演,舞台上往往舞枪弄棒、筋斗翻飞,显得惊险绝伦。

　　孙悟空顽皮好动的性格和变化莫测的神通,历来深受少年儿童的喜爱,而它正直勇敢、坚持不懈、有情有义的品质也深受人们认可和赞誉,它也因此被人们称为"美猴王"。除了传统戏曲中大量的猴戏以外,中国的动画片、电影、电视剧中也一再上演着美猴王的精彩故事。1961—1964 年上海美术电影制片厂制作了动画片《大闹天宫》,成为中国动画电影史上的杰作。1986 年中国中央电视台播出了电视连续剧《西游记》,创下了超高的收视率,成为至今难以超越的电视艺术经典。

六、武戏与武打片

很多喜欢看电影的朋友们都对中国的武打片喜闻乐见，特别是 2000 年，电影《卧虎藏龙》曾经风靡全球，并于 2001 年获得第 73 届奥斯卡金像奖最佳外语片奖等奖项。很多外国观众既被电影中优美、惊险的武打场面所折服，也为影片中体现的悠久的中国文化所吸引。据说这部武打片在一些国家还引发了学习汉语的热潮，有的学生以自己喜爱的电影主人公名字作为自己的汉语名，有的学校甚至将《卧虎藏龙》的剧本当作汉语学习教材。

中国的武打片在世界影坛享有盛誉，但事实上，早在电影出现之前，武打场面就已经被广泛地搬上中国的戏曲舞台了。中国很早就有将武术、杂技、歌舞表演融合在一起的戏剧表演。后来形成的许多剧种，如京剧、川剧、越剧、豫剧、徽剧等，都有武打表演的元素。京剧的剧目历来分为"文戏"和"武戏"，"文戏"以唱功为主，"武戏"则注重武打动作等形体表演，主要由武生、武旦、武净、武丑这些行当担任主角，传统剧目中的《长坂坡》《挑滑车》《扈家庄》《三岔口》等都是著名的武戏。京剧以"唱、念、做、打"为基本的表演手段，"唱"是歌唱，"念"是人物的说话，"做"指演员的一般形体表演，而"打"就是指武打，戏台上既有刀、枪、剑、戟等兵器的对战，也有筋斗、拳脚的比试，显得格外热闹、惊险。

在悠久的中华武术传统的孕育和京剧武戏的直

京剧《长坂坡》中的赵云

李小龙电影剧照

接影响下,中国电影在起步之日就与武戏结下了不解之缘。中国电影的开山之作——拍摄于1905年的《定军山》,就是一部武打片,由当时著名的京剧表演艺术家谭鑫培先生扮演三国故事中的武将黄忠,他手持大刀表演了武戏《定军山》中的几个片段。此后,《火烧红莲寺》、《黄飞鸿》系列、《大醉侠》、《龙门客栈》等武打片都曾在不同时期产生了重要影响。不过,真正使中国武打片走向世界的是从小学习中国武术、人称"功夫皇帝"的李小龙。他在20世纪70年代拍摄的《唐山大兄》《精武门》《猛龙过江》等影片,将中国武术的崇高境界和中华民族不屈的民族精神淋漓尽致地展现在银幕上,使全世界的观众关注并喜爱上了中国的武打片。在李小龙武打片的带动下,到20世纪80年代中国影坛又涌现出一批以功夫见长的著名演员,在全球掀起了新的中国武打片热潮。

七、老舍与他的《茶馆》

对中国人来说,茶馆既是喝茶的专门场所,也是休闲娱乐、洽谈买卖、沟通信息的地方。人们不论身份高低贵贱,来到茶馆,只要泡上一壶清茶,就可以一边喝茶,一边畅谈国事、家事。因此,茶馆也可以说是社会的缩影。

清代末年,北京有一家叫裕泰的大茶馆,每天都出入形形色色的客人。常四爷是位充满爱国热情的旗人,痛恨腐败无能的清政府,同情那些走投无路的穷苦百姓。他仅仅因为在茶馆里愤怒地当众宣称"大清国要完",就被密探抓进了监狱。秦仲义是位民族实业家,开办工厂,指望通过办好实业,实现个人的理想和国家的富强,性格上略有些自以为是。裕泰茶馆的老板王利发为人精明,虽然稍微有些自私,却也是个心地善良的好人。皇宫里位高权重的庞太监则是个阴险冷酷的家伙,为了满足个人私欲,竟低价强买逃难的饥民给自己当老婆……清王朝终于灭亡了,中国进入了军阀混战的时期,后来又进入抗日战争胜利后的国民党统治时期,裕泰茶馆以及客人们的命运也随之发生了巨变。庞太监死了,秦仲义的工厂被拆毁,常四爷靠卖菜勉强度日,一帮流氓、地痞反倒如鱼得水。苦苦支撑的裕泰茶馆被官僚、恶霸强行霸占,王利发悲愤地上吊自尽。

这是现代著名文学家老舍先生创作的经典话剧《茶馆》,于 1957 年发表。《茶馆》共三幕,描写了五十年的时间跨度,塑造了七十多个鲜活的人物,透过裕泰茶馆的历史变迁和茶馆里形形色色的人物命运,折射出旧中国

传统茶具

北京人艺话剧《茶馆》演出场景

的动荡和社会的黑暗,深刻揭示出旧时代必将被埋葬的历史趋势。自 1958 年被搬上话剧舞台后,《茶馆》就成为中国话剧的不朽经典,仅北京人民艺术剧院的演出场次便已超过七百场。《茶馆》不仅在中国广受欢迎,也受到世界其他国家观众的喜爱,在法国、日本、新加坡、加拿大、美国等地都有《茶馆》的忠实观众,它被西方戏剧家誉为"东方舞台上的奇迹"。

除了《茶馆》之外,老舍先生还创作了话剧剧本《龙须沟》、长篇小说《骆驼祥子》《四世同堂》等著名文学作品,其中很多都被改编为话剧、电影、电视剧等,以其经久不衰的艺术魅力,向人们展示了时代与社会的变迁,人物的命运和心理,以及这其中的文化传承。

八、北京人民艺术剧院的话剧创作

20 世纪初,话剧开始在中国发展起来,作为一种不同于中国传统戏曲的新的艺术形式,话剧于 20 世纪在中国得到了长足发展。新中国成立后,为进一步发展话剧艺术,成立了多个专业的话剧团。这些话剧团创作、表演了大量优秀剧目,通过不同题材的作品丰富了人们的文化艺术生活。北京人民艺术剧院就是其中的优秀代表。

北京人民艺术剧院(以下简称北京人艺)建立于 1952 年,当时由著名戏剧家曹禺和焦菊隐两位先生分别担任院长与总导演。曹禺先生是中国话剧艺术的奠基人之一,一生创作了《雷雨》《日出》《北京人》等十多部脍炙人口的话剧,其中《雷雨》被誉为中国话剧艺术走向成熟的里程碑。戏剧理论家焦菊隐先生不仅注重借鉴西方戏剧的成功经验,还创造性地把传统戏曲艺术的美学原则巧妙地融合到话剧艺术中,追求以诗化的戏剧效果和高度的艺术概括来逼真地再现生活,从而创立了自己的演剧学派。经过长期的艺术实践,北京人艺逐步形成了一套独特的舞台风格和理论体系,这就是被中外戏剧界广为称道的、富有中国民族特色的"北京人艺风格"。他们坚持现实主义的创作方法,追求话剧的民族化,强调对生活的体验,注重演出的诗意、整体性以及塑造鲜明的舞台形象。

近 70 年来,北京人艺共上演剧目 300 余部,其中既有《茶馆》《龙须沟》《蔡文姬》《关汉卿》《雷雨》《北京人》等深受观众喜爱的传统保留剧目,也有外国的名剧,如《贵妇还乡》(瑞士)、《推销员之死》(美国)、《上帝的宠儿》(英国)、《哈姆雷特》(英国)、《等待戈多》

北京人艺话剧《关汉卿》演出场景

(法国)等。近年来,北京人艺又推出了《万家灯火》《窝头会馆》《我们的荆轲》《知己》等剧目,也都赢得了观众的好评。北京人艺培养了一批在中国戏剧界享有声誉的艺术家,其中导演们各具艺术个性同时又都不同程度地体现出北京人艺的风格,很多优秀演员在不同时期引领着中国舞台表演的风骚。北京人艺的话剧创作作为中国当代民族话剧创作的一部分,演出的很多话剧不仅在中国享有盛誉,在世界舞台上也受到瞩目。1980年北京人艺在欧洲演出了老舍先生的《茶馆》,开创了中国话剧走出国门的先河。此后,他们还曾携《雷雨》《王昭君》《天下第一楼》《鸟人》《古玩》《我们的荆轲》等出访新加坡、日本、韩国、俄罗斯、加拿大等地,把具有东方神韵和民族风格的中国话剧介绍到海外,向各国观众展示中国话剧和中国文化的艺术魅力。

九、中国电影的"第五代导演"

从1905年中国第一部电影——《定军山》拍摄,中国电影走过了110多年的历程。

中国电影经历的这一百多年恰恰也是中国社会发生了巨大变革的时期,从清朝的覆灭,到民国政局的动荡,从抗日战争的烽火,到解放战争的奋进,而后新中国成立,再后来改革开放……中国一代又一代电影工作者以勤奋的工作和不懈的艺术追求,创作出了几千部电影作品,用摄像机讲述时代

电影《定军山》剧照

1956年拍摄的彩色电影《祝福》剧照

变迁中百姓的喜怒哀乐、悲欢离合，用镜头记录了中国社会的百年沧桑。

中国电影这一百多年的历程中涌现出许多著名的导演，他们堪称中国电影艺术发展的领军人物。由于他们处于不同的历史时期，因此也常被人们按代际划分：20世纪20年代无声片时期的郑正秋、张石川等被认为是"第一代导演"；三四十年代的蔡楚生、费穆、孙瑜、沈浮等为"第二代导演"；五六十年代的郑君里、谢晋、崔嵬、凌子风等是"第三代导演"；七十年代末八十年代初开始执导影片的谢飞、吴贻弓、郑洞天、黄蜀芹等为"第四代导演"；而那些从八十年代中后期开始执导影片，特别是1982年从北京电影学院毕业的导演，如陈凯歌、张艺谋、吴子牛、田壮壮等，则被称为"第五代导演"。

中国电影的发展是电影工作者一百多年来不懈努力的结果，不过，它真正获得广泛的知名度和国际声誉却是由"第五代导演"实现的。"第五代导演"有着类似的生活经历，大都在少年时代经历了"文化大革命"，因而对生活异常敏感，思考更加深邃。他们虽然在电影创作上各具风格，却逐渐形成了共同的艺术追求——渴望挑战传统、打破权威。他们不再恪守现实主义的创作规范，而是以诗化的电影语言和强烈的视觉效果打造出带有浓郁主观色彩、象征意味的光影世界，不仅在影片选材、叙事手法、镜头运用、画面处理等方面标新立异，而且以新的视角关注中国悠久的文化传统与现实生活，力图深入发掘中华民族深厚的历史积淀与民族文化心理之间的内在关联。

"第五代导演"在中国改革开放初期步入影坛，独特的艺术探索与追求使他们很快赢得了世界的瞩目。1985年，陈凯歌导演的《黄土地》受到国内外好评，并获得瑞士第38届洛迦诺国际电影节银豹奖等多个国际性奖项，这标志着"第五代导演"的崛起，也开启了中国电影走向世界的大门。此后"第五代导演"的一系列作品都产生了重要影响，并在国际影坛屡获殊荣。1988年张艺谋导演的《红高粱》获第38届柏林国际电影节最佳影片金熊奖，1989年吴子牛导演的《晚钟》获第39届柏林国际电影节评审团特别奖，1992年张艺谋导演的《秋菊打官司》获第49届威尼斯国际电影节最佳影片金狮奖，1993年陈凯歌导演的《霸王别姬》获第46届戛纳国际电影节最佳影片金棕榈奖……可以说，在中国改革开放的同时，"第五代导演"也将富于浓郁民族特色的中国电影艺术带给了世界观众。

进入21世纪后，第五代导演进行了电影商业片的探索。这些年，随着中国电影的发展，被称为"第六代导演""第七代导演"的电影人也走上了历史舞台，还有其他一些导演也取得了口碑和电影票房的优秀成绩，他们都以新的艺术风格、内容题材继续着中国电影的发展与探索。

十、中国经典童话剧——《马兰花》

传说中有一座美丽、遥远的马兰山，山上不仅生活着一群活泼可爱的小动物，还生长着一朵奇异的马兰花。一天，山下的王老爹来到山上拾柴火，不慎坠下山崖，马兰花神马郎奋不顾身地救了王老爹。王老爹非常喜欢这个勤劳、勇敢的年轻人，告诉他自己有一对双胞胎女儿。马郎以马兰花为定情信物，请王老爹转交给愿意嫁给他的姑娘。回家后，王老爹讲述了这番经历。懒惰的大兰看不起貌似野花的马兰花，又听说马郎没有万贯家财，只靠辛勤劳动生活，于是一口拒绝了。而勤劳善良的妹妹小兰则爱慕马郎的优秀品格，收下了马兰花，愿意做他的妻子。在一个花好月圆的夜晚，马郎在小动物们的陪同下，跟小兰举行了童话般的婚礼，从此幸福地生活在一起。后来，小兰带着马兰花回娘家。为了带给父亲、姐姐惊喜，她对着马兰花念起了神奇的口诀："马兰花，马兰花，风吹雨打都不怕，勤劳的人儿在说话，请你现在就开花！"转眼间就变出许多贵重的礼物。凶恶、贪婪的老猫早就想将马兰花据为己有，见此情景更是眼红极了。为了抢夺马兰花，它残忍地把小兰推进了河里，还害死了目击证人小鸟，又利用大兰对小兰的嫉妒，怂恿她装扮成小兰的模样，想将马兰花的口诀骗到手。马郎察觉了老猫的阴谋，

儿童剧《马兰花》演出场景

他在小动物们的帮助下，夺回了马兰花，将邪恶的老猫打下山崖，也使大兰受到了教育。神奇的马兰花只为勤劳、善良的人而绽放，马郎念起口诀，利用马兰花的魔力使小兰和小鸟复活，美丽的马兰山又重新成为善良人们的乐园。

　　这个故事就是深受中国儿童喜爱的童话《马兰花》。它最初只是个民间传说，1955年由中国著名的儿童剧作家、导演任德耀先生改编为童话剧，1956年开始公演。周恩来总理还曾经热情地对剧情提出建议："大兰是可能被教育好的，不要让大兰和老猫一起死掉。"《马兰花》以神奇的故事，塑造了一系列鲜活的人物形象，在勤劳善良的小兰与好吃懒做的大兰、正直勇敢的马郎与贪婪邪恶的老猫的鲜明对比中，赞颂了中华民族勤劳、善良、友爱的美德，在给观众带来欢声笑语的同时，也实现了真善美的情操陶冶。

　　由于富于浓郁的民族色彩，充满机智、活泼的儿童情趣，因此半个多世纪以来，《马兰花》在中国的戏剧舞台上长演不衰，吸引了一代又一代的小观众。在话剧的基础上，还出现了木偶剧、歌舞剧、电影等多个版本，苏联、日本、新加坡、澳大利亚等国的儿童戏剧团体都演出过此剧。"马兰花，马兰花，风吹雨打都不怕，勤劳的人儿在说话，请你现在就开花"，这段脍炙人口的童谣早已穿越时空，神奇的马兰花永久地盛开在每一位观众的记忆中。

第六讲
名家辈出的中国书法与绘画

一、从仓颉的故事说起

中国古代的文字（及由文字发展出的书法）和绘画有着共同的起源。在古代传说中，一般都将文字和绘画的起源归结到黄帝时代的史皇仓颉。有人说史皇和仓颉是两个人，都是黄帝手下的官员。也有人说他们实际上就是一个人，史皇是仓颉的官名。据说仓颉这个人有四只眼睛，向上观看天上的星星的样子，向下观看乌龟背上的纹理和鸟的羽毛，并看了山川的样子，于是创立了文字。文字创立以后，文明有了很大的发展，社会的经济和道德水平都有了进步。于是传说中说，这时，下雨时下的是粮食，而做了坏事的鬼在夜间啼哭。这说明，这项发明对于中华文明的形成和发展，具有重要的意义。

中国文字当然不可能是某一个人独自发明的，而是在很长的时期里许多人共同努力的结果，仓颉只是发明者的化身而已。现代的考古学发现了中国上古时代的甲骨文，那是刻在龟甲和兽骨上的文字，当时人用它进行占卜记

西周 大盂鼎铭文及其拓片

事。上古的文字,还有金文,是刻在青铜器上的文字。

中国的文字,在历史上有"六书"之说。在这"六书"中,前四种是造字的方法。第一种造字方法是"象形",画出事物的大致轮廓,以见出字的意义,例如"日"和"月"。这两个字,最初就是从画两个对象的形状而来的。第二种是"指事",用符号示意的方法,表明字的意义。例如"上"和"下"。在一条水平线上面画出一竖,再画一点指着这一竖,就表示"上";在一条水平线下画出一竖,再画一点指着这一竖,就表示"下"。第三种是"会意",用两个或两个以上的单字合成一个复合字,这个复合字的意义,是这两个或多个单字放在一起使人领悟而得到的。例如,"武"字,由"止"和"戈"两个字合成,表示"武"的本义;"信"字,由"人"和"言"两个字合成,表示人说话算数,讲信用。第四种是"形声",用两个单字合成一个复合字,其中一个单字表示复合字所属的意义类别,另一个单字表示复合字的读音。例如"江"和"河",这两个字左边的部分表示"水",右边的部分表示这两个字的读音。虽然"工"与"江"、"可"与"河"在现代的读音不一样,但它们在古代的读音分别是接近的。

在文字发明的时候,绘画也发明了。一般认为,中国最早的画是远古时期画在陶器、地面、岩壁上的一些象形符号。例如出土的新石器时代的陶器

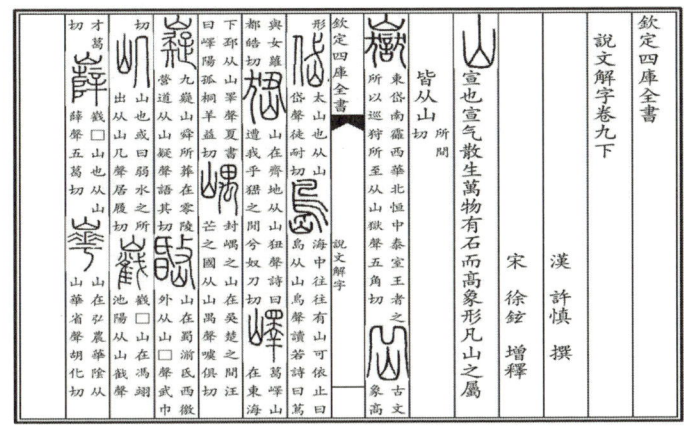

许慎《说文解字》书影

上,就有很多图案符号。那时的象形符号还是书写和绘画的结合。随着记事的需要,一些图形逐渐简化演变为统一的表意、表音符号,形成文字。文字与绘画分开并各自发展,书法和绘画也逐渐发展成为专门的艺术。

二、一代书圣王羲之

从文字的产生,到书法发展成一门艺术,且受到中国人高度重视,经过了很长时间。这中间,汉字字体经过演变发展,出现过多种书体。例如秦朝时丞相李斯整理创制了小篆,到了汉朝时开始流行隶书,也出现了草书,汉末三国时楷书出现,后来行书也逐渐发展起来。到晋朝时,中国的书法艺术出现了一个高潮。这次书法艺术高潮最重要的代表人物,就是王羲之。

王羲之(303—361),东晋时人,琅玡临沂(今山东临沂)人。王羲之早年在女书法家卫夫人的指导下学习书法。卫夫人的启蒙教育,使他在书法上打下了基础。他在长大以后开始游历四方,观看名山大川,并学习秦汉以来的各家碑帖,眼界变宽,博采众长。他还认真研究书法方面的道理,在前代书法的基础上加以改变,终于创立了新的书法样式。

王羲之还喜欢从自然生物的形态中感悟字的形体。关于这方面,最著名的是他喜欢鹅的故事。有一次，他听说在会稽那里有一位老妇人养了一只鹅，叫声很好听。就约他的朋友一道去看那只鹅。那位老妇人听说王羲之要来，没有什么可招待他的，就把鹅杀了，烧好等他来吃。这件事使王羲之叹惜了很多天。还有一次，他听说有一位道士养了一群鹅，就想把鹅买下。道士说："鹅不卖。但如果你给写一遍《黄庭经》，就把这一群鹅都送给你。"王羲之听到后，当场就把《黄庭经》写了一遍，高高兴兴地带着鹅回去了。很多人都说，他的字的形态，与他观察鹅有很大的关系。相传到了宋朝，在江南一带还有地方将鹅称为"右军"，这是王羲之曾任过的官名。

　　王羲之不管是楷书、行书，还是草书，都写得很好，他最有名的作品，是行书《兰亭集序》。353 年一个"天朗气清，惠风和畅"的春日，王羲之与朋友们在会稽山阴的兰亭集会，饮酒赋诗。大家公推王羲之为诗作结成的集子写一篇序，王羲之写下了这幅作品，即《兰亭集序》。《兰亭集序》书法典雅飘逸，字字精妙，布局疏朗有致，笔势如行云流水，被誉为"天下第一

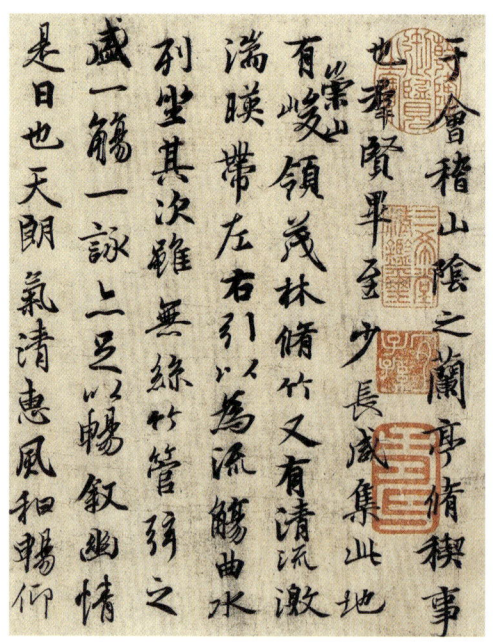

东晋 王羲之《兰亭集序》（冯承素摹本局部）

行书",为历代书法家所推崇。唐太宗李世民也非常喜爱这幅作品,他设法得到这幅字的真迹以后,叫人临摹了数本,赏赐给亲近大臣。相传唐太宗去世时,让这幅字的真迹殉葬。我们今天看到的此书法,是别人的摹本。

王羲之的儿子王献之的书法也很了不起。因此,在中国书法史上,有"二王"书法的说法。

三、顾恺之画以通神

中国古代绘画艺术很发达,留下了很多关于绘画艺术的记载。很多时间久远的画作,今天已经见不到了。通过一些古墓的发掘,我们今天可以看到战国时代的几幅帛画和湖南长沙马王堆汉墓中的帛画。三国时代的东吴,曾有过一位大画家,名字叫曹不兴。相传有一次,他为吴王孙权画屏风,误落了一个墨点在画上。他因此就将这个墨点画成了苍蝇。孙权看了,以为是真的苍蝇,用手去弹。但曹不兴的画,我们今天看不到了。

在东晋时,出现了另一位大画家,名字叫顾恺之(约345—409)。顾恺之主要画人物画,尤其善于画眼睛。他说过,身体画得好与不好,并不是很重要,重要的是画出一个人的精神,要画出人的精神就首先要把眼睛画好。他还说,画一个弹琴人的手在拨弄琴弦很容易,但画一个人看着鸟的眼睛就很难了。

关于顾恺之的画,有这样两个故事。有一次,

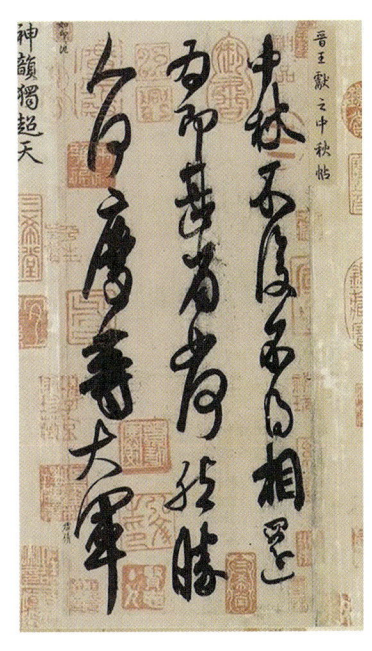

东晋 王献之《中秋帖》(局部)

东晋 顾恺之《洛神赋图》（宋人摹本局部）

南京要修建一座寺庙叫瓦官寺。为了筹钱修寺，僧人请大家捐钱。几天过去了，前来捐钱的人虽有不少，但没有一个人捐的钱超过十万。这时，顾恺之还很年轻，看样子还很穷。他来了以后，在捐款簿上写下了"一百万"的数字。大家议论纷纷，都觉得这个小伙子是在胡闹，僧人也让他涂掉数字。顾恺之说，你们给我一面空白墙壁。于是，他住进寺院，在那面墙壁上认真画起来。他在壁上画了一幅维摩诘像。经过一个多月的努力，画快要完成了。这个年轻人对僧人说，明天我就要为画像上的人物点眼睛了。第一天进来看的人，让他们每人布施十万钱，第二天来看的人，每人布施五万钱，第三天随意布施就可以了。消息传出去后，满城轰动，人们争相来看，都觉得他给人物画上眼睛后，人物就像活了一样，没有多久，一百万钱的捐款就完成了。这个故事也许有些后人夸张的成分，但是也反映出顾恺之画技的高超。

还有一次，他为荆州刺史殷仲堪画像。殷仲堪眼睛有毛病，这并没有难倒重视画眼睛的顾恺之。顾恺之画眼睛时，在上面拂上一点飞白，仿佛是轻云蔽月一样，巧妙地弥补了殷仲堪的生理缺陷。

除了画眼睛外，顾恺之在线条使用上也非常有特色。顾恺之的作品由于时代久远，真迹在今天已经不存在了，但还有一些摹本存在。在流传下来的摹本中，最精美的是《女史箴图》的唐代摹本和《洛神赋图》的宋代摹本。

顾恺之的绘画有两大风格，一是着重画出对象的精神和神采，二是线条潇洒飘逸，这两点都对此后的中国绘画产生了深远的影响。

四、吴道子、张旭观剑助兴

唐朝时，中国的书法和绘画艺术都发展到了新的高峰。吴道子（约685—约759）生活于唐朝最繁荣的时期。712—756年在位的皇帝是唐玄宗，是一位非常爱好艺术的皇帝。吴道子年轻时曾向当时的著名书法家张旭以及另一位著名诗人兼书法家贺知章学习书法。张旭擅长草书，写起字来龙飞凤舞，姿态很好看。

唐朝时，中国有两个首都，一个是正式的首都长安，即今天的西安，

唐 吴道子《送子天王图》（局部）

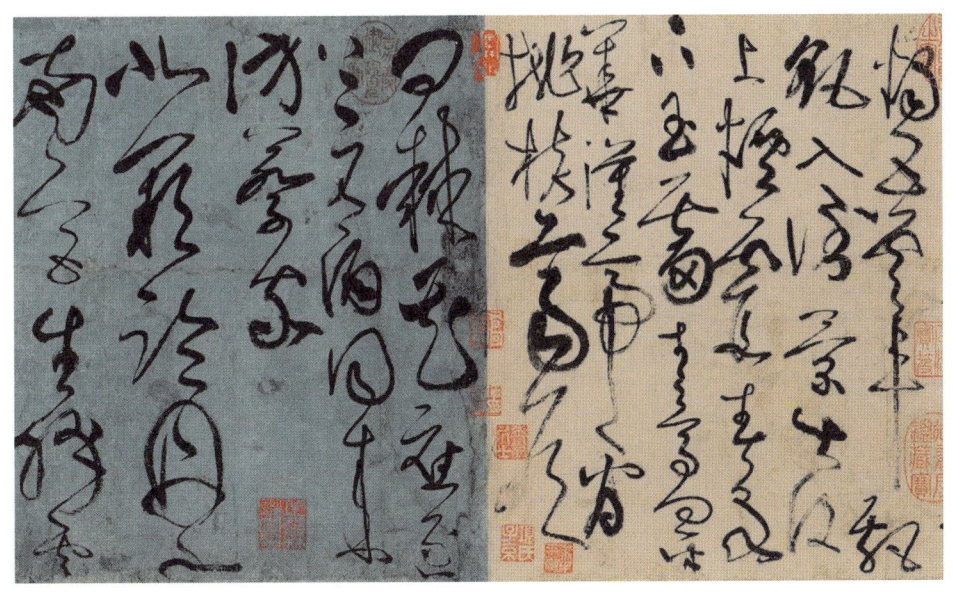

唐 张旭《古诗四首》（局部）

另一个是皇帝常常巡游的东都洛阳。有一年，吴道子跟随唐玄宗来到洛阳。在洛阳期间，遇到了这样一件事。当时的一位将军同时也是舞剑名手的裴旻送了黄金和丝绸等贵重的礼物给吴道子，想请他在天宫寺的墙壁上作画为自己去世的母亲祈福。吴道子拒绝了他的礼物，说："我很早就听说，裴将军善于舞剑。希望你能舞一次剑。你舞剑的姿态可以壮我的气势，帮助我挥毫作画。"于是裴旻为吴道子舞了一曲剑舞。吴道子乘兴，挥笔一会儿就作好了画。人们都说，他作画时就像有神助一样。这时，在他们的感染下，著名书法家张旭也兴奋地写了一幅字。当时在场的人都说，一下子就看到了三个人最高水平的表演，真是幸运。一千多年过去了，这个故事还被广为传颂。中国的书法和绘画本来就有着相通的道理。从这个故事中，我们也可看到，这两种艺术都重内在的气势，这一点与舞剑也有相通之处。

关于吴道子，还有一些有名的故事。吴道子画画，从来不用圆规、直尺等绘画工具，这也是他由学习书法到学习绘画所形成的习惯。他画了许多巨大的壁画佛像。据说他在画佛像的圆光时，不用圆规，而是徒手画出一个大圆。唐朝时有位绘画史家名叫张彦远，就说，不用工具作画，才能作出真画，而如果用了工具，作出来的就是死画。这种观念对以后的中国绘画发展，具有很深的影响。

还有一次，吴道子和另一位画家李思训都奉唐玄宗的命令，去四川看嘉陵江，并把它画出来。李思训花了几个月终于画成了一幅画，而吴道子花了一天时间就画完了。两个人画得都非常好，画出了嘉陵江的山水风景之妙。这说明，吴道子作画，不注重在细部精雕细刻，而能够用简练的笔法将所画对象的最突出特征展现出来。

吴道子一生作了许多画，人物、佛道、山水、鸟兽、草木、楼阁等，画得都很好，特别是以画人物最为著名，被后世尊为"画圣"。

五、"画家皇帝"宋徽宗和他的待诏们

到了五代十国时期,当时的后蜀和南唐政权开始设立专门的宫廷绘画机构——画院,宫廷画师被封为"待诏"等官位。宋朝建立后,画院进一步扩大。北宋时有个著名的"画家皇帝",就是宋徽宗赵佶(1082—1135)。宋徽宗并不是一个好皇帝,他治国无能,都城被金兵占领,连他自己都当了俘虏。但他在书法和绘画上都有很高的成就。他所创的"瘦金体",在书法史上别具一格。他能画山水、人物、楼阁等不同题材的画,尤其擅长画花鸟。我们今天还可以看到他画的《芙蓉锦鸡图》,画得典雅堂皇,设色鲜丽,充满了活泼与吉祥的气氛。

北宋 赵佶《芙蓉锦鸡图》

宋徽宗对画院进行了很大发展。他将绘画纳入科举制度之中,像科举选拔官员一样选拔画家。画院出题的方式常常是从诗中摘取一句,如"野水无人渡,孤舟尽日横","乱山藏古寺",等等,要画家以诗句中的意境作画。这样,绘画就被要求具有诗意。但是,画院的画又与当时流行的

北宋 张择端《清明上河图》（局部）

南宋 马远《对月图》

文人画不同，特别讲究绘画的规矩，并讲究形似。例如有一幅画画的是宫女倾倒瓜皮果壳，从画中可以清楚地看到畚箕中的瓜皮果壳的种类，刻画细致入微。宋徽宗还特别讲究对生活的观察。有一次，他召集一群画家画孔雀，各位画家画得非常精美，但他还是不满意。他说，孔雀登高时一定会先举左脚，而很多画家却画成举右脚了。画家们听了都很吃惊。

宋徽宗时的画院里，有大批优秀的画家。其中很多人我们今天已经不知道他们的名字了。但还有些画家的名字流传下来，其中最有名的是张择端。张择端有一幅特别有名的画作，即《清明上河图》。这幅画展现了北宋的都城汴京，即今天

的河南开封在当时的繁华景象。画面上有市街上的各种商业活动、手工业活动、河上的漕运活动、各类人的游览活动等等。绘画采用写实的手法,整个画面安排有条有理,有主有次,很有节奏感。绘画技巧纯熟,线条准确有力,既有宏大的场面,又有生动的细节描写,是中国古代绘画的杰作。

北宋画院的艺术风格对以后的宫廷画作产生了深远的影响。南宋时,最著名的宫廷画家有马远和夏圭。他们都是山水画家,他们笔下所画的中国江南地区的秀丽的自然风景,画面构图简洁,有大片留白的空间。

六、赵孟頫和"元四家"

元朝时,文人的生活方式发生了很大变化。宋朝时科举制度很发达,读书人有一个读书、参加科举考试、考中后开始当官的道路。到了元朝,读书人很大程度上失去了读书做官的出路,于是,一部分人就开始写戏剧的剧本,另一部分人就寄情山水,开始作画。

元朝时的画,与宋朝的院体画不同。宋朝画院里画家们所画的,是比较写实的画作。虽然宋朝的院体画也讲究从诗句中取立意,但限制还比较大。元朝的文人画,则讲求超脱工匠的习气,注重绘画的气韵,将绘画作为画家精神、人格的体现。元朝的绘画,首先出现的代表人物是赵孟頫。

赵孟頫(1254—1322),字子昂,属于宋朝宗室,因其在书法、绘画等多方面的才能,受到元朝皇室青睐。赵孟頫留下来的画作很多,代表作有《秋郊饮马图》《鹊华秋色图》等。他的画从两方面超越了过去工匠的绘画习气。一是他特别重视将书法的运笔方法运用在绘画中;二是重视对所画对象的精神、神态的体验。他有这样两句诗:"石如飞白木如籀,写竹还于八法

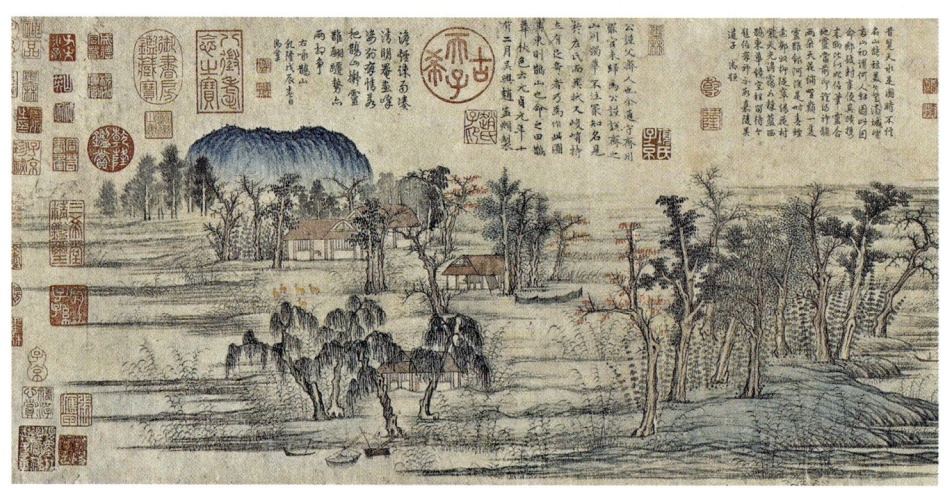

元 赵孟頫《鹊华秋色图》(局部)

元 赵孟頫《秀石疏林图》

通。"意思是说，画石头要像书法中的飞白那样似断实连，而画树木则要像写周朝时的青铜器上那种大篆字体那样。至于画竹子，则与写楷书的"永"字所包含的八种笔画有相通之处。赵孟頫不赞成完全照着所画对象的外在轮廓去描画对象，但这并不是说赵孟頫反对观察对象。相反，他在绘画时，特别重视对所画对象的体验。有这样一个故事：有一次赵孟頫闭着房门，在里面作画，忽然屋里传出声音。他妻子透过门缝一看，见赵孟頫手足朝天地左右翻滚。妻子急忙进去问他在做什么，他说，自己要画滚尘马，却把握不好马滚尘时的神态，于是学着做一做。这说明，他认为画画时要把握的是所画对象的精神和神态，而不是外在形貌。

元 黄公望《水阁清幽图》

赵孟頫的画对元朝另外四位重要画家，即黄公望（1269—1354）、吴镇（1280—1354）、倪瓒（1301—1374）和王蒙（1308—1385）（合称"元四家"）的绘画创作产生了重要影响。这四位画家的出现，使中国绘画出现了一些新的气象。他们的画作借景抒发心中的情感，不追求形似，强调诗情与画意的结合、书法意味与

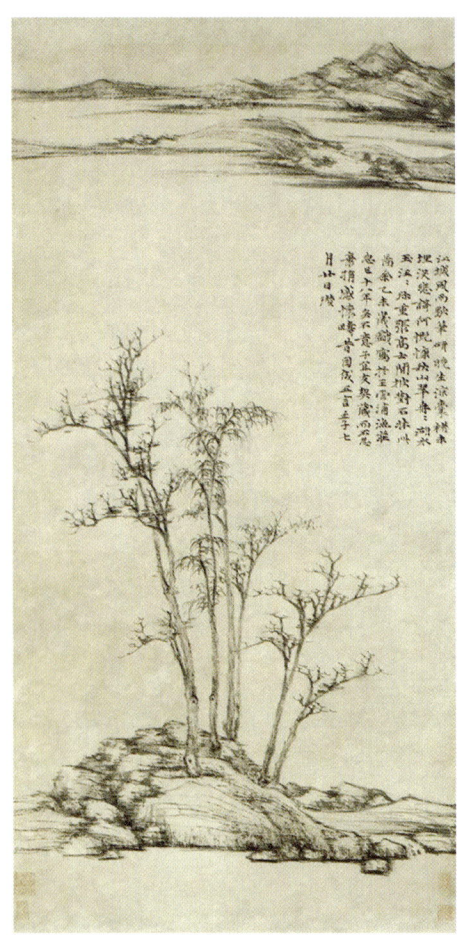

元 倪瓒《渔庄秋霁图》

画面的结合,使中国山水画达到了新的高度,对"文人画"的发展产生了重要影响。

赵孟頫还是一位重要的书法家。据记载,他五岁时就开始习字,一生中几乎每天都会写字练字,直到临去世前犹观书作字。他的篆书、隶书、楷书、行书和草书都写得很好,尤其是他的楷书和行书,至今还是人们摹写的对象。

七、董其昌和文人画

在中国古代,有一个独特的画种,就是文人画。古代欧洲的作画的人,大多是工匠。而中国古代受过很高的文学、历史教育,受过很好的书法训练的人投身到绘画这项艺术之中,必然会使绘画艺术有很多独创之处。我们常说,中国画与欧洲画有一些突出的区别,而这些区别主要就是由文人画形成的。中国文人画的主要特点,一是注重抒发心中情感,追求神韵、意境的表达,二是重视文学修养,绘画作品往往是诗歌、书法与绘画的结合。这种传统其实由来已久。北宋时的苏轼、米芾就是这方面的代表。宋末到元朝有钱选、赵孟頫和"元四家"。明朝是绘画各种风格得到大发展的时代。到清朝时，文人画的风格成为唯一正宗的绘画风格，这与明末董其昌的提倡有着密切的关系。

董其昌（1555—1636），明朝书画家、官员。当时，他的书法和绘画名声都很大。在书法上，他的行书、草书和楷书，都很有名。他广泛地向唐朝和宋朝的一些最著名的书法家学习，他的字结构巧妙，笔画连接自然，墨色浓淡有致。他所作的画长于用墨，层次分明，用笔时皴、擦、点、染各种手法相杂，丰富多变。设色则青绿、浅绛兼用，丽而不艳，淡而有味。

董其昌主张绘画要首先以古人为师，然后以天地为师。也就是说，从古人那里学习笔墨趣味，然后再从自然那里得到对形体的启发和领悟。在董其昌看来，就像中国佛教禅宗从唐朝起分为北宗和南宗一样，中国的绘画从唐朝起也可分为北宗和南宗。北宗用色彩画自然风景，注重对景物的仔细观察和描画，而南宗注重笔墨趣味，讲究绘画的气势。他将唐朝诗人、画家王维看成是南宗画的创始人，在王维之后，才有了荆浩、董源、巨然等画家。在佛教禅宗的发展史上，南宗逐渐占了上风。董其昌用这种比附来预言，注重笔墨

明 文征明《品茶图轴》

明 董其昌《秋兴八景图》二帧

趣味和诗、书、画结合的南宗文人画，将取得越来越高的地位。

董其昌的艺术趣味到了清朝时成了官方非常尊崇的趣味。董其昌的艺术思想对清朝的文人画产生了重要影响。

八、朱耷和石涛

清朝初年的画家，最著名的有"四王"和"四僧"。"四王"是王时敏、王鉴、王翚、王原祁，他们都是得到皇家赞赏的、有一定地位的画家。他们的绘画风格以摹古为主，特别受到从黄公望到董其昌的影响。"四僧"则是四位在民间的画家，指弘仁、髡残、朱耷和石涛。这四位画僧都对清王朝持反对或躲避的态度。

在这四位画家中，最有名的是朱耷（1626—1705）和石涛（1641—约 1718）。他们两人本来都属于明王朝宗室。朱耷的父亲也是一位画家，朱耷从小受父亲的熏陶，对诗、书、画、印都有兴趣。明亡后，他隐姓埋名，出家当了和尚，以躲避清兵的追杀。

从原本享受荣华的王孙公子，一下子变成了家国倾覆、四处逃难的落魄僧人，这一不平常的遭遇，造就了他的特殊的心路历程，也使他创作出不平凡的画。朱耷的画以花鸟为主。这些画形态都奇特怪诞，有一种冷气逼人的感觉。例如他的《孤禽图》，所画的鸟缩着头，白眼向人，一副受欺而不屈的神态。还有他画的《孔雀竹石图》，画的上部有一石壁，石壁的角落下垂着牡丹与竹叶，下面是一块笋形石头，石头上站着两只难看的孔雀，孔雀的尾巴上有三根参差不齐的花翎。佩戴三眼花翎的人在清代需是等级最高的官员，这里画三翎孔雀立在危石，以暗喻他们的地位不稳。

朱耷常在自己的画上签一个很怪的名字：八大山人。他常常用草书连写这四个字，看上去像是"哭之"，

清 朱耷《孔雀竹石图》

第六讲 名家辈出的中国书法与绘画 | 143

清 朱耷《莲房小鸟》

又像是"笑之",以自喻"哭笑不得"的身世、心态和处境。

石涛比朱耷年轻十多岁,原本也姓朱,叫朱若极。他出生两年后,明朝就灭亡,为了避难而出家当了和尚,法名原济,字石涛。

石涛在年轻时曾云游四方,登庐山,游黄山,曾在安徽等地居住多年,晚年在扬州定居。他与朱耷坚决的反清立场不同,在晚年看到大势已定,曾去北京,想谋取一官半职,结果没有成功,决定回到扬州,最后在扬州去世。

清朝初年的画坛,占据主导地位还是以"四王"为代表的正统派。这些画家接近宫廷,社会地位较高。石涛与朱耷一样,属于在民间的画家。朱耷最擅长的是画花鸟,而石涛则主要是画风景。石涛有一句名言,叫作"搜尽奇峰打草稿",并以此为题,画出了一幅画。石涛的画用笔恣肆,墨法淋漓,构图善于变化,意境苍郁新奇,与当时的摹古之风不同。

石涛在绘画理论上提出了"一画说"。艺术理论家们至今还在热烈地讨论:这个"一画说"的真实含义是什么?也许,这是一个哲学概念,与老子关于"道"的思想有关,与世间万物形象最基本的因素有关;也许,它也和书法中出笔运笔所写的"一"画有关。

清 石涛《搜尽奇峰打草稿》（局部）

九、扬州八怪

清朝中期，在中国东南方的扬州，出现了一个重要的画派，人们一般将这个画派称为"扬州八怪"。"扬州八怪"指当时活跃在扬州画坛的八位画家。究竟指哪八位画家，有一些不同的说法。一般说来，这八位画家是指金农、黄慎、郑燮、李鱓、李方膺、汪士慎、高翔和罗聘。

金农（1687—1763）长于画花鸟、山水、人物，尤善画墨梅。他的画造型奇特、朴拙，布局考究，构思别出新意，作品有《墨梅图》《月华图》等。他独创一种兼有隶书、楷书体势的书体，被称为"漆书"。黄慎（1687—约 1772）擅长以粗笔画写意人物画，以历史人物、神仙佛道及普通人物为题材。李鱓（1686—1762），深受徐渭、石涛的影响，画风豪放，不拘法度，泼墨淋漓，设色清雅。李方膺（1695—1754）擅长画松、竹、梅、兰，晚年尤爱画梅，并以此自喻。汪士慎（1686—约 1762），家境贫寒，居扬州卖画为生，安贫乐道，精篆刻和隶书，善画花卉，特别擅长画梅花。高翔（1688—1753），生活清苦，性格孤傲，一生敬佩石涛，善画山水、花卉，喜画疏枝梅花，作品有《弹指阁图》等。罗聘（1733—1799），在"八怪"之中，罗聘年龄最小，但见识不凡，擅长画人物和花草。

在"八怪"中，最有名的是郑燮（1693—1765）。郑燮号板桥，人们经常称他郑板桥。乾隆年间，他中了进士，也曾有在仕途上有所发展的愿望。曾在山东的一些地方担任过知县这样的小官，赈灾济民，颇有政绩，后因得罪了上司，被免了官。从此以后，他不再走仕途，定居扬州，潜心书画。他的画的题材并不广泛，喜欢画兰、竹、石，还常常在画上题上一些短诗。他的书法非常特别，集中了楷书、草书、隶书和篆书的特点，独创了一种特别的字体。

由于扬州地处京杭大运河与长江的交汇处，清朝时，大运河是南北交通运输的要道，当时扬州非常繁荣，很多盐商和从事其他行业的商人也聚集在这里。许多画家也住在扬州以卖画为生。这种与市场结合的绘画活动，是造

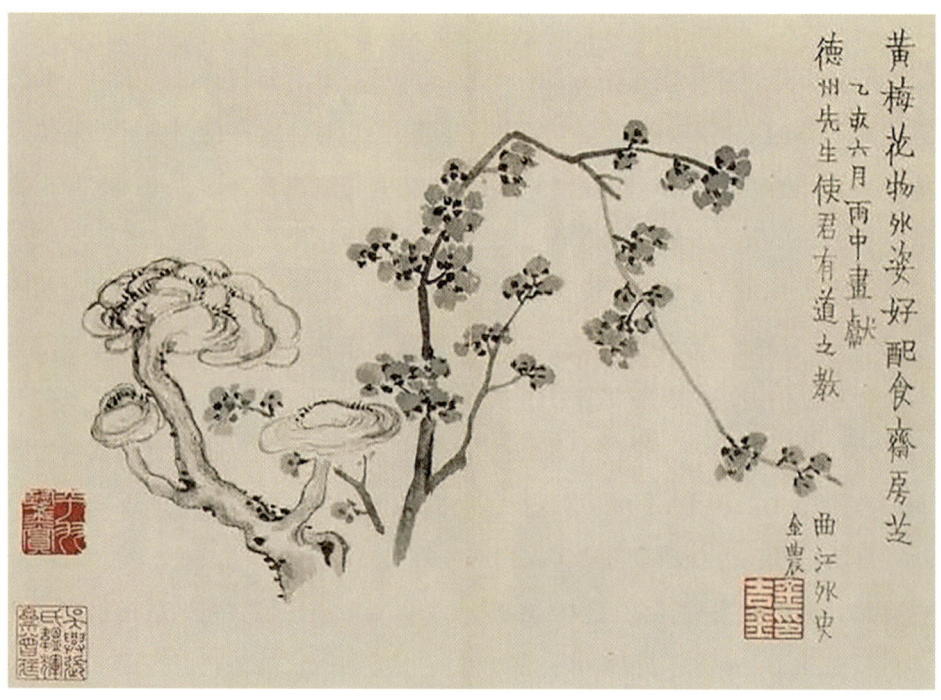

清 金农《花果册》一帧

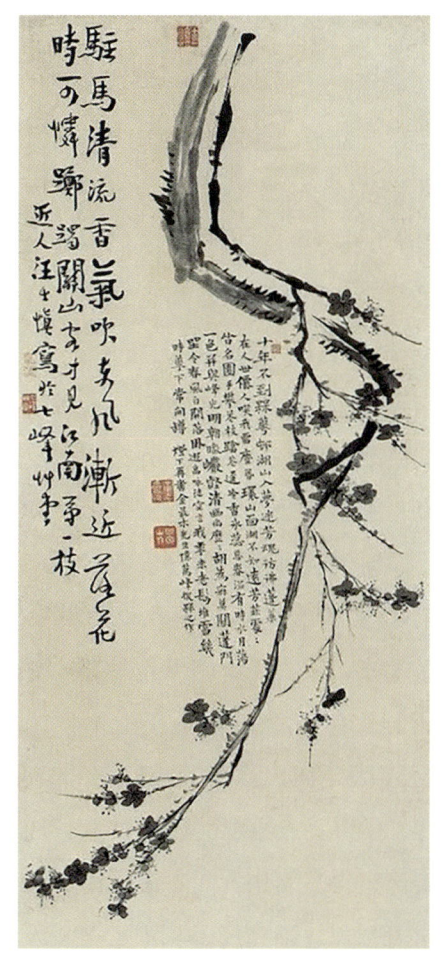 

清 汪士慎《墨梅图》　　　　　　　清 郑燮《竹石图》

成"扬州八怪"和以他们为代表的扬州画派在艺术风格上与宫廷画家们有很大不同的重要原因。"扬州八怪"有着许多共同之处。他们的出身多是地主乡绅，都读过若干年的书，但或者是不求仕进，或者是担任过小官却又丢了官，最终以卖画为生。他们生活清苦，社会地位不高，却又蔑视权贵，性格孤傲。"扬州八怪"的画风，继承了朱耷和石涛的风格，在清朝前中期的画坛上，独具特点。他们的绘画风格与当时画坛上盛行的摹古风气不同，强调主观表现和风格上的创新，在画作中抒发个性，重视神似，不落窠臼。

十、齐白石和徐悲鸿

齐白石和徐悲鸿都是中国近现代非常著名的画家。这两位画家的画风有很大的不同。齐白石被人们称为中国最后一位文人画家,而徐悲鸿则是"洋为中用"第一人。

齐白石(1864—1957)原名纯芝,后改名璜,号白石。齐白石出身农家,家境贫寒,幼时仅随外祖父读过一段时间的私塾,但并没有受过专门的文学艺术教育。十几岁时开始学做木匠,后来无意间见到一部《芥子园画谱》,就一幅一幅地照样练习。到25岁时,才开始拜同乡文人为师,学诗文、绘画。1902年起,四处游历,得见名山大川,画风由工笔转向写意,逐渐完成了从画工向文人画家的转变。1926年,他应著名画家林风眠邀请,在国立北京艺术专门学校任教。1946年他应徐悲鸿聘请,担任北平艺专名誉教授。这是一个晚辈提携长辈的典型例子。由于当时已经名满天下的徐悲鸿的赞扬,中国绘画界认识到了齐白石的价值。齐白石的画以画花鸟虫鱼为主,尤以画虾最为著名。齐白石笔下的虾形象生动。据

齐白石《虾》

说他为了画好虾，饲养活虾，长期观察，终于能传虾之神。

徐悲鸿生于1895年，要比齐白石小31岁。他的艺术成长道路，与齐白石很不相同。他幼年随父亲学习绘画，有中国传统绘画的基础。但他后来从1919至1927年间在欧洲留学8年，系统地接受了欧洲美术的训练，掌握了西方写实绘画的技法。从欧洲留学回国后，他创作了多部重要作品，例如《田横五百士》等，产生了重要的影响。

徐悲鸿最具代表性的作品，还是他所画的奔马。他笔下的骏马奔腾刚健，富有动感和力度。

徐悲鸿在艺术上的主张，主要体现在对现实主义的提倡上。在绘画种类上，他既画油画，也画国画。他特别主张用写实的方法来画国画，用国画的笔墨体现素描的功夫。他认为，画家如果画得不像，就像是在说谎。他认为，中国古代也有写实的传统，需要现代画家去继承。对于有人提出的现代绘画要中西合璧的说法，他认为，他并不是追求中西合璧，而是直接师法造化。徐悲鸿的这种主张，显然已经走出了中国文人画的传统。

徐悲鸿《奔马图》

徐悲鸿《田横五百士》

除了齐白石、徐悲鸿之外,中国近现代最重要的画家还有吴昌硕、林风眠、潘天寿等许多人。这些画家都有自己的特点,是中国绘画艺术宝库中的重要组成部分。

第七讲
各具特色的中国建筑

一、概论

在世界建筑艺术的百花园中,中国传统古典建筑是一朵奇葩,它自成体系,独立发展,延续几千年,直到 20 世纪初还保持着自己的布局原则和造型特征,并且传播影响到东亚其他国家。

中国古典建筑以汉民族的木构架建筑为代表,风格优雅,结构灵巧,建筑单体由台基、屋身和屋顶三大部分组成。台基使用砖石砌筑,保护木柱不受雨水和湿气的侵蚀,增强建筑物的稳定性,同时使建筑物显得庄严雄伟。台基上面的屋身采用

浙江东阳卢宅世德堂的木梁架与木雕

北京故宫太和殿上繁密的斗拱

梁和柱穿插组成的框架结构,建筑构件可以预先加工好,在施工现场进行组装,构件表面涂绘油漆彩画,美轮美奂。一些重要的建筑物还会在屋身和屋顶交接的部分设置叫作斗拱的木构件,结构精巧,造型多变,有很强的装饰效果,成为中国古典建筑的一个显著特征。中国古典建筑的屋顶最有特色,屋顶不仅增加了建筑造型的韵味,也渲染了建筑物的特点。弯曲的屋面、翘起来的屋角,使庞大的屋顶看起来十分生动、轻巧。

因为木构架的使用,单个的中国古典建筑体积一般不能很大,除了利用高隆的地势、巨大的台基进行烘托外,常常将建筑组合成一个群体来营造宏伟壮丽的效果。比如使用狭小的院落作为前部空间,之后的主体院落舒展开阔,用这种方式形成对比,衬托主体院落或主体建筑,通过纵向一进进院落的递进,展示出整个空间的层次和秩序。中国古典建筑群大多是左右对称的,大规模的组群尤其强调轴线关系,大到城市、小到住宅,布局大多严格、规整,体现出当时的规划和社会秩序。

二、雄伟壮丽的宫殿建筑

在中国古代封建社会中,皇帝拥有最高的权力,因此也往往将自己居住的宫殿建得最为雄伟庄严、富丽堂皇。明清时期的北京故宫就是宫殿建筑的典型代表。从明朝皇帝将首都迁到北京,到清朝最后一位皇帝退位,明清两朝的皇帝大多数居住在这里。中国古代建筑文化中强调的等级秩序以及中轴对称等艺术手法,在这座皇帝居住的宫城里得到了充分的体现。

故宫南北长 961 米,东西宽 753 米,外侧环绕着宽阔的护城河,四面各开一城门,上面建有城楼,城墙四个角的位置建有角楼。故宫内的建筑按照一条贯穿南北的中轴线对称排列,可以分外朝和内廷两大部分。

午门是故宫的正门,高大的城台上坐落着门楼和方亭,威严雄壮。午门的平面是一个"凹"字形,三面的城台围合出一个内向的空间,红色宫墙、金黄色屋顶形成的强烈对比,以及庞大的体量都给人一种肃穆的感觉。穿过午门就进入了外朝,外朝以太和殿、中和殿、保和殿为中心,两侧是文华殿和武英殿,外朝是皇帝行使权力的场所。太和殿是故宫最大的殿宇,也是明

北京故宫俯瞰

故宫 太和殿

故宫宫殿一角

清时期等级最高的建筑,开间十一间,建筑面积2377平方米,采用重檐黄色琉璃屋顶,体量宏伟,造型端庄。大殿的细部如斗拱、屋脊的装饰、彩画、石雕等都采用了最高等级的做法,殿前还陈设了铜龟、铜鹤、日晷和嘉量,用来象征皇帝的身份。太和殿之后依次排列着中和殿与保和殿,三座大殿都建在三层的汉白玉台基上,使三大殿显示着宏伟的气魄。

内廷的中心是乾清宫、交泰殿和坤宁宫,一般来说是皇帝、皇后居住的地方。两侧排列着东西六宫,是嫔妃居住的地方。内廷后面的御花园是现存皇家园林的重要范例。

故宫的建筑艺术成就主要表现在空间组织和建筑形体上,通过院落空间的对比来烘托气氛是故宫建筑十分显著的特点。从天安门到端门的方形广场狭小而封闭，是一个过渡性的空间。前进到午门广场，三面的城台将广场围成狭长的空间，同时两侧廊庑平缓的轮廓又反衬了午门门楼形体的高大威严。太和门广场是一个横向的长方形，是太和殿广场的前奏，起着渲染作用。太和殿广场接近方形，宽广开阔，气氛庄重，以显示皇帝的威严和皇权的神圣。行至乾清门广场，空间体量减小，显示了空间性质的变化，由此进入内廷区，空间紧凑，气氛较为宁和，至御花园则又转为半自由的园林空间，气氛也变得幽静闲适。

角楼被认为是故宫最美丽的建筑。关于角楼还有个传说，说当年明成祖朱棣要在城墙的四角上建四座角楼，以三个月为期限，要求每座角楼要有九梁十八柱、七十二条脊。时间转眼过去了一大半，工匠们还没想出一点儿头绪，十分着急。就在某一天，一个老头挑着用秸秆编的蝈蝈笼子前来叫卖，一个工匠看到笼子编得非常精巧，就买了一个，无意间发现这笼子正好是九梁十八柱、七十二条脊，转身再寻找卖蝈蝈笼子的老头，却早已不见了踪影。这时工匠们醒悟到，这是祖师爷鲁班下凡帮助他们来了，于是大伙儿按照这个蝈蝈笼子进行设计，建成了故宫的角楼。这就是关于故宫角楼的美丽传说，从中我们可以体会到角楼设计的复杂与巧妙。

故宫的角楼与护城河

三、视死如生的陵墓建筑

生死是人类艺术中一个重要的主题,古代中国人对生死的看法直接表现在陵墓建筑上。皇帝对自己的陵墓很重视,往往倾注一国的力量为自己建造陵寝,并随葬华贵的生活用品,于是形成了规模庞大的帝王陵墓建筑群。

在北京市昌平区的天寿山南麓,坐落着15世纪初至17世纪中叶建造的明代十三个皇帝的陵墓,简称明十三陵。陵区的东、西、北三面环山,中间是盆地。十三座陵墓都背靠青山,分布在这片山峦当中,其中以明成祖朱棣的长陵规模最大,位于天寿山的主峰下,是陵墓群的中心。

明十三陵的选址和布局受到了古代礼制和风水观念的影响,反映了古代中国人对自然的认识和把握。南面的陵区入口建有一个五开间的石牌坊,从石牌坊至长陵约七公里的神道上排布着一系列纪念性的建筑和雕像,神道分出支路通向其他各陵。石牌坊和它北边的大红门都正对着天寿山的主峰,山峦、大门、牌坊遥遥相对,形成一种肃穆的气氛。石牌坊采用汉白玉制成,雕刻着精美的图形,初建时曾描绘有彩画。

明十三陵 石牌坊

大红门是园区的正门，有三个门洞。透过中间的门洞向北望，正好可以看到远山衬托下的碑亭。碑亭为重檐歇山顶古亭，给人气势雄浑的印象。碑亭四角立有四座白石雕刻而成的华表，柱身装饰着浮雕的盘龙。自碑亭沿神道向北，路边立着石人、石兽，这种在陵墓前安置的石人、石兽被称作石像生。石像生北边是龙凤门，穿过龙凤门向北，神道通向长陵，在山峦映衬下可见长陵的祾恩殿和红墙黄瓦的方城明楼。

长陵建成于 1413 年，是典型的明代皇陵，严格按照轴线对称布局。祾恩殿为祭殿，开间九间，进深五间，重檐庑殿顶，建在三层汉白玉台基上，殿内共有柱子六十根，使用巨大的楠木制作而成，建筑的样式和故宫太和殿有些相似，是中国现存最大的木构单体建筑之一。祾恩殿北边建有一座方城明楼，平面是正方形的，正门的中央有一个门洞，人们可以从这里登上城楼。城上的明楼也是正方形的，屋顶是重檐歇山样式，明楼里立着一块石碑。方城北部与圆形的坟丘相连，坟丘四周用砖砌筑城墙，称作宝城，地下建有地宫。

明十三陵 长陵

四、反映古代天人观念的祭祀建筑

祭祀在中国古代文化中占有重要地位，其中以祭天活动最为隆重。祭天起源于远古时期，那时候人们对电闪雷鸣、风暴雨雪、洪涝灾害等自然现象缺乏认识，惊诧于自然界的神奇，误以为这些都是天上的神鬼在作祟，对天充满了畏惧，进而产生了对天的崇拜。为了表达对天的恭敬和顺从，人们把自己最珍贵的东西拿出来奉献给上天，祈求上天的保佑，于是出现了祭祀。为了最充分地表达对天的敬仰，古人们还建造了专门用于举行祭天典礼的建筑，这种建筑被称为祭祀建筑，反映了古人的天人观念。其中，作为明清两代帝王祭天场所的北京天坛，呈现出高超的建筑艺术水平，并体现了丰富的传统文化内涵。

北京天坛中最重要的建筑是祈年殿，是古代举行祈谷大典的地方，也是

天坛 祈年殿

天坛 祈年殿的台阶

中国古典建筑艺术的杰作，它不但造型精美，而且包含了丰富的文化内涵，充满了象征意义。大殿建在三层汉白玉做成的圆台上。由于古人认为天圆地方，因此台基和大殿都建成了圆形。圆台高约 6 米，每一层圆台都环绕着石栏杆，上层石栏杆的望柱上雕刻着盘起的龙，中层石栏杆的望柱上雕刻着凤鸟花纹，下层石栏杆的望柱则雕刻着一朵朵云彩。四面出八道台阶，每层台阶各九级。其中南北方向的台阶间有三条巨大的汉白玉石雕御路，上层龙纹，中层凤纹，下层山海云纹，雕刻精美，是石刻艺术中的精品。

　　台基之上就是圆形的祈年殿，殿高 32 米，屋顶是用蓝色琉璃瓦覆盖的三重攒尖顶，殿身的外檐设置着 12 根朱漆大柱，柱子之间是红色的菱花隔扇门和菱花窗，装饰着镏金铜叶，描绘着龙纹图案。在祈年殿内与檐柱对应的位置还有 12 根金柱，加上 12 根檐柱，共有 24 根大柱。在大殿中央另有 4 根大柱称为龙井柱，柱身贴金，描绘有海水和西番莲纹。按照传统的说法，祈年

天坛 圜丘坛

殿的设计采用了大量的象征手法，比如：4根龙井柱象征着春夏秋冬四季；12根金柱象征着一年的12个月；12根檐柱象征着一天12个时辰；两层加在一起一共24根象征着二十四节气；再加上4根龙井柱共28根大柱，象征着周天二十八星宿。二十八星宿是古人把观测到的恒星分为28组，通过这些恒星的变换来判断季节变化，以利于农业生产。祈年殿的这种设计，反映了古代中国人的天文理念和对农业的重视。白色的基石，红色的殿身，蓝色的屋瓦，金色的宝顶，在四周古柏的衬托下，整个祈年殿显示出庄重雄伟的气势。

五、宛若天成的园林艺术

中国园林艺术源远流长，文化底蕴深厚，反映了中国人的文化观念和审美理念。中国的园林中景物丰富，意境深远，虽然是人为的创作，但呈现出一派自然天成的景象。皇家园林宏丽，私家园林雅致，各有各的妙处。中国园林艺术风格在唐宋时期就传播到东亚其他国家，17、18世纪曾风靡于欧洲。

位于北京西郊的颐和园始建于1750年，是一座清代皇家园林，1860年被英法联军焚毁，1886年慈禧太后挪用海军经费大规模重修，为了掩人耳目，对外称修园是为了训练水师，其实只是为了自己居住。

颐和园占地面积 3.009 平方千米,可以分为前山前湖、后山后湖和宫廷区三大部分。宫廷区主要以东宫门、召见群臣的仁寿殿、寝宫乐寿堂、看戏之处德和园等组成,采用对称的布局组成相对封闭的院落,结构紧凑,装修富丽,但也不失居住建筑幽雅、清静的气氛。从仁寿殿穿过长廊就进入了前山前湖区,此处北边是绿荫覆盖的万寿山,南边为碧波荡漾的昆明湖,西借园外玉泉山秀丽的山形,视野开阔,景色壮丽。由宫廷区转入前山前湖区,空间由收而放,给人豁然开朗的感觉。昆明湖上有一道西堤将水面划分为三个水域,各置湖心岛,用来象征传说中的蓬莱、方丈、瀛洲三座仙山。其中南湖岛上有涵虚堂、广润灵雨祠、鉴远堂等建筑,岛与岸之间是著名的十七孔桥,十七孔桥似一条丝带飘垂于湖面上,十分秀丽。西堤和南湖岛的设置,将整个湖面分割又连接,赋予其各部分新的关系,湖面也因此产生了更为丰

苏州 留园曲溪楼

颐和园 万寿山

富的层次感。西堤建有六座桥梁，以模仿杭州西湖的苏堤六桥。六座桥梁形式各异，其中尤以玉带桥的造型最为优美，桥孔呈蛋壳状，桥身高耸，曲线柔美。

万寿山南坡濒临昆明湖，山的正中建有20米高的方形石基，其上矗立着高大的佛香阁，阁的平面为八角形，重檐攒尖顶，体量庞大，形态敦厚，与起伏不大的山形相谐调，同时又打破了山体过于平直的轮廓。佛香阁前有德辉殿、排云殿、排云门、云辉玉宇牌坊，阁后有智慧海，左右分立宝云阁和转轮藏，构成一组气势雄浑的建筑群，成为全园的景观中心。在前山的东西两侧山腰上还布置有景福阁、画中游、湖山真意等众多景观建筑，这些建筑相互呼应，共同构成前山雄丽伟岸的气象。位于湖山之间的长廊共有273间，长728米，形似游龙，北托万寿山，南近昆明湖，把山湖连为一体。长廊的枋梁上绘有彩画，共计8000余幅，各尽其妙。

沿长廊西行到达石舫，再转过西面山麓，就进入了后山后湖景区，这里湖面狭长曲折，林木葱茂，宁静幽邃，与前山前湖的开阔形成鲜明对比。后湖中段建有"苏州街"，建有几十个店铺，是清代乾隆皇帝时仿照江南河街市肆建造的，当时号称"买卖街"，嫔妃和宫女们可以在这里打发闲暇的时光。在后山正中与北宫门相对的位置，依山坐落着一组藏式宗教建筑，称为"四大部洲"，模仿西藏寺庙建筑，别具特色。

颐和园 石舫

在万寿山东麓有著名的谐趣园，它以水面为中心，厅堂楼榭轩亭都环绕着水池而建，通过曲廊串联，间植垂柳、竹子。池北利用地势的高低叠石塑成"玉琴峡"，将活水引入，叮咚有声。整座园子占地虽小却设计十分巧妙，是最负盛名的"园中之园"。

夕阳下的十七孔桥

六、底蕴深厚的民居

中国地域辽阔，不同地区、不同民族的民居建筑呈现出不同的特色。其中，北京的四合院就是中国传统居住形式的典型代表之一。

传统的北京四合院一般至少有前院、内院两部分，大门开在前院的东南角，进入大门迎面为影壁，挡住了外面的视线。前院和内院隔着中门和院墙，前院外人可到，内院则非请勿入。前院通常进深很浅，院中布置门房、客房，并在角落处设杂物小院。中门常为垂花门，位于中轴线上，是内外的分界。内院由正房、厢房以及正房两侧的耳房组成，正房长辈住，厢房晚辈住。正房的北边可以另外开辟院落作为后院，布置厨房、贮藏室、仆役住室等。四合院可以通过增加院落进数，或在左右加设跨院扩大规模，也可以另外扩地经营宅园，布置山池花木。

四合院的设计左右对称、主次分明，反映了中国传统的儒家礼制思想。在儒家思想看来，生活于社会中的人，存在着个体与个体、个体与群体、群

福建南靖 土楼

山西灵石 王家大院

体与群体之间的种种复杂关系，这些关系不是杂乱无章的，而是井然有序的，君臣、父子、长幼、尊卑之间都是有秩序的，由此构成一整套人伦之网。儒家希望通过这张网，来实现"助人君""明教化""经国家""定社稷""序民人"的目的。

在老北京的四合院里，中国古代的封建大家庭居住在一起，自然产生了种种礼仪要求，同时也有"忠孝悌恕贞信"等道德规范要求。依照儒家思想，"礼"是道德的体现，如果"礼"能被遵守，"忠孝悌恕贞信"也在其中了。人们生活在这种环境中，潜移默化地受到影响，他们的政治观点、人生观以及言谈举止自然会留下这些约束的痕迹，而这也正是在封建时代四合院建筑的文化功能所在。

另外，封闭性也是北京四合院的一个显著特点，反映了中国传统文化中内敛的一面。四合院用院墙和房屋围成院落，对内开敞，对外隔开，邻里间

由四合院的垂花门看门后的内院

虽一墙之隔，却像是两个天地。这种模式强调家庭内部的聚合。这种内向封闭式的院落也形成了独有的环境优势和魅力，它把功能、体量、造型并不相同的房屋组织在一起，制造了宜人的院落空间，院内栽花植树，陈设鱼缸、盆景、鸟笼等，既可以享受天光，又符合传统中国人"接地气"的要求，隔绝中又获得了无限的开放。随着四季更替，人们在院子中春天观花，夏日纳凉，秋来赏果，冬至踏雪，享受四时的乐趣。同时四合院又有防风沙、防噪音、防干扰的特点，因此至今人们也乐于居住。

七、逶迤万里的铁壁长城

中国的长城是世界建筑史上的奇迹，其历史延续之久，范围之大，为世界罕见。绵延万里的长城，随山峦起伏，将山势勾勒得无比雄奇，每一处险段都诉说着百姓的辛劳与坚毅,每一座雄关都回荡着动人的历史传奇。

公元前221年,中国建立起统一的中央集权帝国——秦朝。秦朝把前代遗存的长城加以连接,在此基础上扩建,从而建起西起临洮、东至辽东的万里长城。

关于秦长城的修建,中国民间一直流传着"孟姜女"的传说。秦始皇修建长城时,劳役十分繁重。范喜良和孟姜女刚刚新婚三天,范喜良就被迫出发修筑长城去了,不久因饥寒劳累而死,尸骨就被埋在长城墙下。一心记挂丈夫的孟姜女带着为丈夫做好的棉衣,历尽艰辛,千里寻夫来到长城,得到的却是丈夫已经死亡的消息。悲痛万分的孟姜女伏在长城上痛哭了三天三夜,忽然听到地动山摇般的巨响,只见身下的长城倒塌了,露出了范喜良的尸骸,绝望之中的孟姜女安葬了丈夫后,也投海自尽了。这个传说反映了秦朝由于过分使用民力导致的人民的不满和反抗。

中国历代中原王朝大多都会修建长城,以防范和抵御北方游牧民族的进

逶迤于群山之上的长城

长城的敌楼

犯。现存的长城主要是明代修建的,东起东边入海口的山海关,西至西北的嘉峪关。长城主要由城墙、敌楼、关城、墩堡、烽火台等建筑物组成,以城墙为主体。敌楼、烽火台等形成长城上的一个个节点。敌楼有巡逻放哨用的墙台,也有上、下两层的敌台,敌台上层周围设垛口和射洞,下层为士兵住宿和存放物资之处。烽火台是用于报警的墩台式建筑,分布在山岭高处,用夯土筑成,台上存贮着薪柴,如果遇到敌情,日间焚烟,夜间举火,按照规定路线很快就可以传递消息。

八达岭长城是明代长城中保存最完整和最有代表性的一段。在距北京市区约 60 公里的八达岭至南口一线的峪谷,明代曾设置了四重防线——岔道城、居庸外镇、居庸关城和南口,居庸外镇就是八达岭长城,是居庸关最重要的一道防线。八达岭长城墙身高大坚固,下宽上窄,断面呈梯形,可以容纳五马并驰,十人并行,平均有 7 米多高。墙顶用方砖铺砌,地势陡峭的地方则砌成梯道，墙顶外侧砌筑 2 米高的城垛，上为瞭望口，下为射击口。每隔一段设有敌楼，为砖石结构，有单层的墙台和两层的敌台，敌台内有许多券洞，有梯道上下。

长城在崇山峻岭之上蜿蜒起伏，沿着山脊延伸，清晰地勾勒出了山势的轮廓，城上坚实雄壮的敌楼与烽火台又为延伸的城墙注入变化的节奏，使长城更有起伏跌宕的气势，使高大连绵的长城更加气势磅礴，充满了震撼人心的感染力。

八、雕塑精美的石窟建筑

魏晋南北朝时期，中国社会处于分裂与动荡之中，佛教在中国兴盛起来，全国各地建造了多个佛教石窟群，其中最著名的有甘肃敦煌莫高窟、山

敦煌莫高窟 九层楼

西大同云冈石窟、河南洛阳龙门石窟等。

敦煌莫高窟，俗称千佛洞，位于甘肃省敦煌市鸣沙山东麓。据记载，莫高窟始建于前秦建元二年（366年），历经了十数个朝代、延续千年的开凿，形成了南北长 1680 米的石窟群，共存有洞窟 700 多个，其中彩塑多达 2400 多尊，壁画达 45000 多平方米，是世界上现存规模最大、内容最丰富的佛教石窟群。

莫高窟第 96 窟建于初唐，窟内有一尊依山崖而塑的巨型弥勒佛像，高 35.5 米，高度仅次于四川的乐山大佛和荣县大佛，为最大的室内泥塑佛像。造像丰盈圆润，是典型的唐代风格。窟外有九层红色木构建筑，为后来所建，高 45 米，气势恢宏，成为莫高窟的标志性建筑。

在莫高窟第 259 窟的北壁，有一尊北魏时代的佛像，面目丰圆，神情沉静，身穿通肩袈裟，双肩下垂，双手作"禅定印"，正静坐入定。它的衣纹采用单纯的阴刻线，土红色涂衣，躯体其他处再无细致的塑造。然而其面部的刻画却非常用心，眉毛细长弯曲，微作俯视，嘴角略略上翘，

莫高窟第 259 窟禅定佛像

含带笑靥，透出安详、自在、超逸。它似乎视而不见，又似乎陷入沉思，好像因为体会到什么，而从心底发出由衷的愉悦，于庄重宁静的神情中露出含蓄静谧的微笑。这种由表情刻画而形成的艺术魅力让我们看到了古代工匠们高超的艺术水平。

云冈石窟位于山西省大同市武州山南麓、武州川北岸。石窟依山开凿，东西绵延约1公里，现存主要洞窟45个，附属洞窟209个。云冈石窟始建于北魏文成帝时期，当时北魏在平城（今山西大同）建都。经过北魏时的大规模开凿修建以及后来的整修，据统计，这里大大小小的佛像，加起来有五万尊之多。最大的佛像高达17米，最小的佛像高仅几厘米。很多造像生动活泼，栩栩如生。第20号窟有一尊露天的大佛，佛像高13.7米，面部丰圆，鼻高唇薄，大耳垂肩，袈裟右袒，造型雄伟，背光的火焰纹和飞天浮雕也十分华丽，是云冈石窟艺术的代表作。

云冈石窟第20窟大佛像

九、高耸入云的塔建筑

佛教传入中国后，中国建筑中出

现了一种称为"塔"的新类型，它们种类繁多，从造型上看，有楼阁式、密檐式、喇嘛式、金刚宝座式等，从建筑材料分，有石塔、砖塔、木塔、铁塔、琉璃塔等。各种塔造型中，楼阁式在中国最为常见，是一种仿照中国传统多层木构架建筑而形成的塔建筑形式，如西安大雁塔、应县木塔、定州开元寺塔、开封祐国寺塔、苏州虎丘塔、杭州六和塔等都是楼阁式塔。各种类型的塔或高耸于大片的灰瓦屋顶之上，或雄踞于奇峰幽谷之中，或矗立于江河湖边，成为风景名胜的点睛之笔。

河北定州 开元寺塔

在山西省应县城内西北，坐落着一座现存世界上最早、最高大的木塔，俗称应县木塔。此塔建于1056年，结构独特，造型古朴，在中国古代建筑中占有重要位置，是古代木结构高层建筑的代表作品之一。

木塔坐落在4米高的台基上，塔平面为八角形，底层直径30.27米。塔的高度为67.31米，外观5层，但塔内另有4个暗层。塔内每层都有楼梯，可以攀登至顶层。塔外设有外廊，可以凭栏远眺。

塔的外观比例适度，轮廓收分缓

山西 应县木塔

和,整体造型稳重而庄严。全塔内外屋檐共使用了54种不同形式的斗拱。木塔的结构形式也很独特,采用了双层套筒结构,并在梁柱之间采用斜撑装置,增加了整体性能,这种科学的结构形式直到近代才被应用于超高层建筑中。中国是一个地震多发的国家,在约一千年中,木塔曾多次遭受地震和战争炮火的袭击,但均由于其良好的抗震性能而化险为夷,至今仍岿然挺立。

应县木塔不仅在建筑结构、艺术造型上享誉世界,它还汇聚了雕塑、壁画、书法等多种艺术品和文物,如同一座历史文物博物馆。塔内第一层围墙上保存着辽代大幅壁画,尤其是内檐门额上的三个女供养人画,体态匀称、丰满,神态安详,画像色泽至今仍十分鲜艳,是珍贵的文物。木塔逐层都有塑像,并保留着辽代塑像的特征。

木塔内保留着许多名人题记,其中包括明成祖朱棣题写的"峻极神工"和明武宗朱厚照题写的"天下奇观"两块匾额。尤其重要的是"释迦塔"匾额,阴刻有年款的题记,是考证木塔建造年代的珍贵佐证。另一

应县木塔的斗拱

类重要文物是 1974 年维修木塔和塑像时，在被破坏的佛像中发现的一些辽代木版印刷或手抄的经卷、佛像画以及其他的刻本抄本等，有的经卷长达 30 余米，这些国内外罕见的印刷品和抄本是研究印刷技术史和辽代政治经济文化的珍贵文物。

十、多姿多彩的桥梁艺术

中国人自古赋予了桥梁一种艺术内涵，寄予了桥梁一种美好的祝愿，著名的桥梁总是和重要的历史事件、壮丽的江川、优美的园池联系在一起。如西安的灞桥、扬州的二十四桥、杭州西湖的断桥、南方多地的风雨桥等等，或参与古城传奇，或点缀小镇故事，承载着人们的追忆与遐想。

桥梁在人们的日常生活中扮演着重要角色，是用于出行的必要建筑。很多桥梁还位于交通要道，发挥着重要作用。由于中国幅员辽阔，各地自然环

夕阳下的江南水乡小桥

广西三江 程阳桥

境不同，从而出现了很多各具特色的桥梁形式，如北方的敞肩石拱桥、南方的薄墩石拱桥、西南地区的索桥、西部地区的伸臂桥等等。江南河网密集的地方，如苏州、绍兴等地，更以桥多、桥美、桥奇著称。在这林林总总的古代桥梁中，最著名的当是河北赵州桥。

古代的赵州曾是南北交通的重要通道，大道上商旅行人南来北往，不便的是在城南有一条大河，将大道截断。为了使陆路畅通，又能保证水面舟船航运，隋代时，工匠李春带领桥工在城南的大河上，建起了一座巨大的单孔弧形石桥。大桥长50多米，桥面宽9米多，桥跨约37米，拱矢高度7.23米。在大拱的两肩，对称地设计了四个小拱，用于增加泄洪能力，同时也大大减轻了桥梁的自重，并且省工省料。这种在大拱拱肩上增加小拱的形式被人们称作敞肩式。敞肩式桥梁在欧洲到14世纪才出现，而与赵州桥形式相近的敞肩式桥，在欧洲直到19世纪才出现，与赵州桥相距1200多年。

赵州桥不但技术高超，而且造型美观，柔和的线形使桥身看起来既稳重又轻盈，既雄伟又灵秀。位于圆弧上的桥面也呈现为弧线，且更为舒展，与拱券的弧形成天然的配合。桥面两边设有扶栏和望柱，栏板上雕刻着各种龙的图案，形象生动，并有大量精美的卷叶、花瓣等装饰雕刻。

由于大石桥造得神奇，所以民间流传着一个神话传说，说是石桥乃是鲁

赵州桥

班所造,桥刚造好,骑着毛驴的神仙张果老和推着小车的神仙柴荣来到桥头,张果老的褡裢里装着日月,神仙柴荣的小车上载着五岳,两位神仙一起过桥,一下子把石桥压得摇摇晃晃,鲁班一见不好,急忙跳入水中,用手在桥东侧使劲托住桥身。因为双方用力太大,结果在桥面上留下了驴蹄印、车道沟,拱券下则留下了手印。柴荣推车过猛,跌倒在桥上,一膝着地,压下了膝印。张果老因心里着急,连斗笠也掉到了桥上,砸了个圆坑。这则故事后来还被人们改编入传统戏曲《小放牛》而广泛流传。

赵州桥栏板上的雕刻

第八讲

影响深远的中国科学与技术

一、概论

作为悠久中华文明的一部分,中国的科学与技术也历史悠久、成就灿烂。在 2000 多年前的春秋战国时期,中国的科学与技术就已经达到了较高的水平。至汉代,中国科学技术的主要领域大都形成了独具特色的体系,各种专门著作如《九章算术》《周髀算经》《氾胜之书》《黄帝内经》《神农本草经》《汉书·地理志》等陆续问世或定型,被后世奉为经典。可以说,汉代形成了中国传统科学技术的基本范式,奠定了中国传统科学技术的基础。

中国传统科学与技术的一个突出特点是官办御用。古代科学家很多都是各级官员,有的还是皇帝的近臣,他们领导朝廷内各种科技方面的专门机构,而具体从事技术工作的工匠则多为家族传承。如天文观测和历法制订长期为朝廷的专设机构所执掌,农业和医学方面朝廷也设有专门的行政机构,很多技术工种都由朝廷开设的作坊工场所专门掌握。这种官方资源的支持,有利于科学技术的发展和传承,但一定条件下也可能会导致因循守旧,影响独特的发明和创新，这也是封建社会后期中国科学技术发展变慢的一个重要原因。另外，这一特点还形成了中国传统科学技术的实用性特征，中国传统科学技术以服务于社会的现实需求为依归，重视科技的应用而不是特别注重深究其原理。

经过约千年左右的发展，中国科学技术在宋元时代达到了高峰。在数学领域，13 世纪中后期涌现出了一批杰出的数学家，撰写了一批数学杰作，包括秦九韶的《数书九章》、李冶的《测圆海镜》、杨辉的《详解九章算法》、朱世杰的《四元玉鉴》等。这些数学家在高次方程的数值解法和求解高阶等差级数等问题上所达到的成就，也是当时世界数学的最高水平。宋元时期在天文仪器和观测技术方面也有很大的发展，同时数学的进步也促进了历法计算方法的进步。在历法方面，宋代共进行了 18 次历法改革。频频改历，一定程度上可视为理性精神的张扬。到了元代，郭守敬、王恂等编制出中国传统历法中最优秀的一部——《授时历》。医学方面，宋元时期出现了所谓"金元四大家"，即刘完素为代表的"寒凉派"，张从正为代表的"攻邪派"，李杲为代表的"温补派"和朱震亨为代表的"养阴派"。他们各自

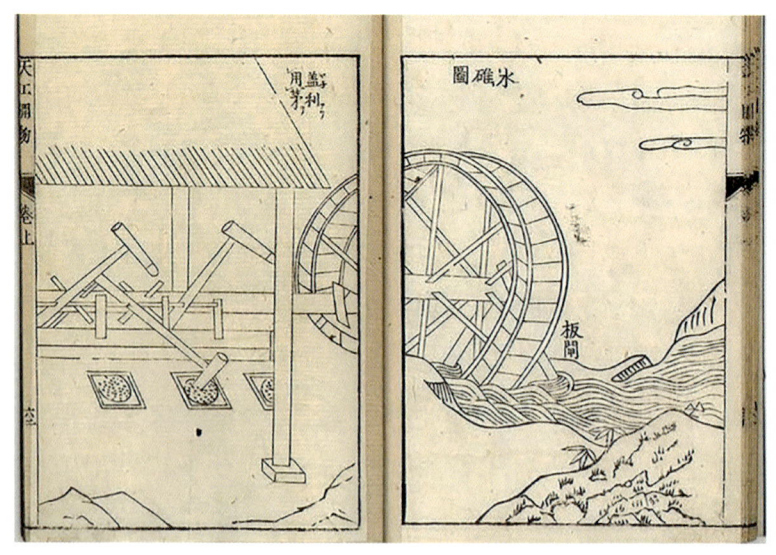

《天工开物》书影

以《黄帝内经》为基础，从不同的侧面发展了《黄帝内经》的医学理论。农学方面，宋元时期出现了著名的四大农书，包括陈旉的《农书》、元代司农司编撰的《农桑辑要》、王祯的《王祯农书》、鲁明善的《农桑衣食撮要》。这些农书各具特色，反映了农业耕作技术在当时的新发展。宋元时代还出现了 30 多部记载花卉草木等植物的图谱，如《洛阳牡丹记》《芍药谱》《菊谱》《桐谱》《竹谱》《兰谱》等，还有《全芳备祖》那样集大成的植物百科辞典，在对植物的描述和分类等方面都较前代有较大进步。宋代还出现了沈括那样的杰出科学家，他的笔记《梦溪笔谈》（成书于 11 世纪末）记载了大量重要的科技发现。

令人遗憾的是，宋元科学和技术方面的一些重要成果，到了明代或者失传或者无人理解了。直至明末，涌现出李时珍及其《本草纲目》、宋应星及其《天工开物》、徐光启及其《农政全书》等杰出科学家和科学名著。与此同时，西方科学也随着耶稣会士来华传教而传入中国。从此，中国科学逐步与西方科学融合，经过明末至清末的曲折发展后，直至 20 世纪初汇入世界科学的主流。

中国传统科学技术以天文历法、数学、农学、医学等最具特色，工艺技术品类繁多。限于篇幅，这里只简要地介绍天文历法、数学、炼丹术以及"四大发明"。

二、历法与天象观测

中国的天文学以历法和天象观测为中心。中国历法不仅包括历日制度，还有日月五星位置的推算，恒星位置的测量，昼夜长度和中午日影长度的计算，以及日食、月食等天象的预报等。天象观测主要包括日食、月食、太阳黑子、彗星、新星、流星、流星雨、陨石、北极光等异常天象的观测和记录。中国的天象观测源远流长，历代的天象观测记录是世界天文学史上的重要史料。

河南登封 周公测影台
（现存为 723 年所建）

在公元前 2000 年左右，中国人就已以 366 天为一年，以鸟、火、虚、昴四恒星在黄昏时处于南中天的日子为春夏秋冬四季的开端，并以闰月调节四时。这是一种阴阳历。到商周时代，阴阳历进一步发展，成为中国历法的基本形式。商代发明了干支纪日，从此建立了无间断的日期记录。商代还区分了平年（12 个月）和闰年（13 个月）、大月（30 天）和小月（29 天）。到春秋战国时期，中国天文学完成了从定性到定量的转变。约在公元前 6 世纪，中国天文学家测量了 28 宿各个标准星之间的赤道度距；约公元前 5 世纪创制了古四分历，即取回归年长度为 365.25 天，朔望月长度为 29.53085 天，19 年中加入 7 个闰月。

206 年刘洪创制的《乾象历》是中国历法史上的一个里程碑。《乾象历》采用了更准确的回归年数值，将月球的不均匀运动性纳入历法计算，确立了黄道与白道的交点自东向西退行的概念，确立了"食限"这一新概念，《乾象历》对朔望月长度的计算也更为准确。462 年，祖冲之编制成了《大明历》，将岁差现象引入历法计算之中，发明了较为准确的计算冬至时刻的方法，取得了更为精确的回归年长度数值 365.2428 天。隋代时，刘焯发明了同时考虑太阳和月球运动不均匀性的定朔法，以及考虑五星运动不均匀性的五星位置推算法。唐代时，一行改进了对太阳和五星运动不均匀性改正方法，发明了不等间距二次差内插法。一行在历法编制上提出了一种结构更为合理、逻辑更为严密、体系更为完整的编制方法。经过不断的改进,历法的内容和形式都更为完善。至元代郭守敬等编制《授时历》,首创了三次差内插法,发明了类似于球面三角的算法,达到了传统历法的最高峰。

中国古代留下了大量的日月食观测记录。《春秋》一书中就有30多次可靠的日食记录。两汉魏晋时期,天象记录更为丰富和精确化。这一时期已出现太阳黑子、超新星等异常天象记录,对于日月食的记载也更为精确,如日食记载往往包括日期、初亏和复圆时刻、食分大小、亏食方位等。

天象观测的水平与天文仪器的技术密切相关。在汉代,漏壶、浑仪等天文仪器趋于成熟,还出现了浑象。张衡还将漏壶和浑象结合起来演示天象。唐代一行等创制了演示天象和报时的水运浑天仪。一行还与南宫说等人进行了世界上第一次子午线长度的实测。宋元时期也是天文观测和天文仪器制作高度发展的时期。仅大规模的恒星观测就不下6次,由此而制作了一些高水平的星图和星表,现存的北宋时的苏颂星图和南宋时刻制的苏州石刻星图就是

河南登封 观星台(元代郭守敬主持建造)

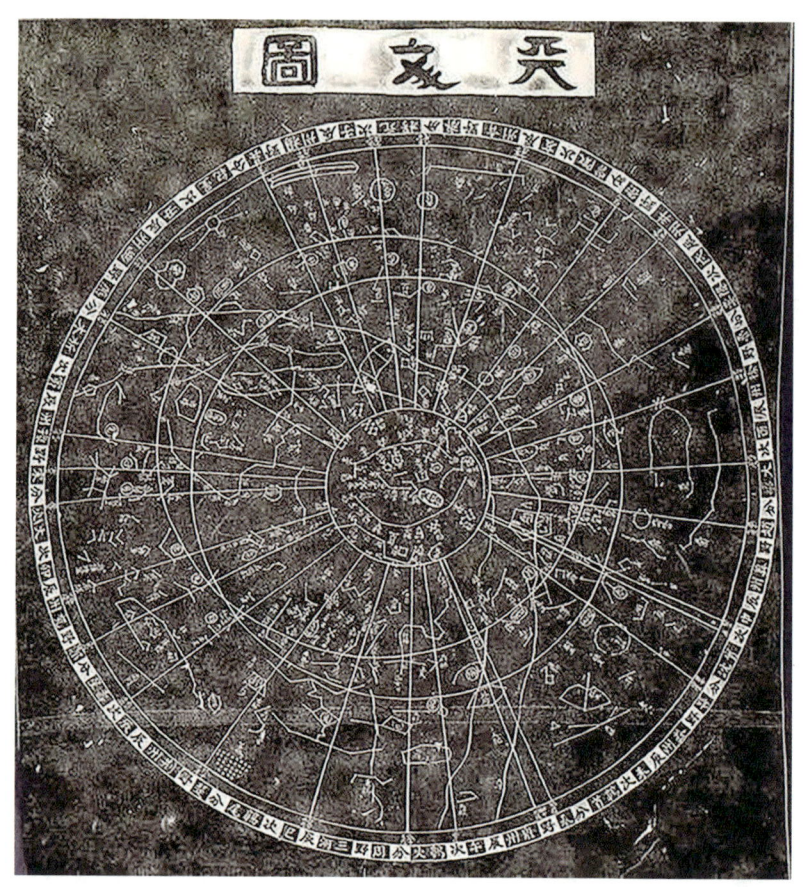

苏州石刻星图

其中的代表。北宋时苏颂和韩公廉制造的水运仪象台是一个大型的综合性天象仪。元代的郭守敬一生制作了包括简仪在内的20多种天文仪器。

与丰富的天象观测记录和不断的历法改革相对照的是，中国古代的天文学理论并不是非常发达，尤其是宇宙论比较缺乏，不论是盖天说还是浑天说都没有受到重视。中国天文学基本为皇家机构所垄断，尽管中国传统天文学取得了巨大成就，但到明代时，严禁民间"私习天文"，皇家天文机构水平倒退。明朝末年，崇祯皇帝启用徐光启、来华耶稣会士汤若望等编译《崇祯历书》。清朝建立后，汤若望将《崇祯历书》改编为《西洋新法历书》献给清朝政府，并据以编制《时宪历》，中国传统的天文学由此开始与西方天文学逐步融合会通。

三、筹算与数学

用竹或木制作的用于计算的一组小棍，就是算筹。算筹是中国古代的主要计数工具。用算筹计数的主要规则是：个位用纵式，十位用横式，百位再用纵式，千位又用横式，如此纵横相间，遇零则空位。自左至右，可以计任何数。这是一种十进制的计数法。中国传统数学就是基于算筹发展而来的。

算筹的计数形式

纵式	Ⅰ	Ⅱ	Ⅲ	Ⅲ|	ⅢⅠ	丅	丅丅	丅Ⅲ	丅Ⅲ|	空位
横式	一	二	三	亖	亖一	⊥	⊥一	⊥二	⊥三	空位
	1	2	3	4	5	6	7	8	9	0

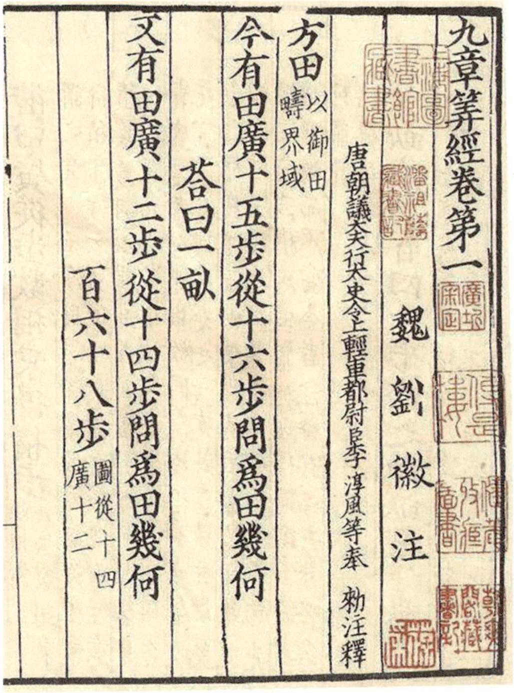

《九章算术》书影

刘徽

中国传统数学以解决实用问题见长。约成书于1世纪的《九章算术》共分为9章，包括246个数学问题。《九章算术》采用问题集的形式，每章包含问题、答案和解题步骤。"九章"的9大类问题依次是："方田"，主要为各种形状的田亩面积计算；"粟米"，即粮食谷物间的按比例交换问题；"衰分"，即按比例分配问题；"少广"，即开平方、开立方问题；"商功"，即各种体积计算；"均输"，即按比例分摊赋税和徭役问题；"盈不足"，即根据两次假设求解问题；"方程"，主要为一次方程组解法；"勾股"，即与勾股定理有关的一些测量问题。《九章算术》记载了当时世界上最为先进的分数运算和各种比例算法，还记载了世界上最早的负数和正负数加减法则，其中的一次方程组解法也相当先进。

祖冲之

《九章算术》影响很大。在历代注解它的著作中，魏晋时刘徽的注解成就最高。刘徽对《九章算术》的许多算法都给出了证明，并提出了计算圆面积的"割圆术"，其中将极限的概念首次运用于近似值的计算。南北朝时祖冲之发展了刘徽的割圆术，他获得的圆周率数值在 3.1415926 和 3.1415927 之间，相当于精确到小数点后第七位。祖冲之还得到了圆周率的两个很有用的分数值即约率 22/7 和密率 355/113。他的《缀术》是一部高深的数学著作，可惜"学官莫能究其深奥，是故废而不理"（《隋书·律历志》），后来终于失传了。祖冲之的儿子祖暅也是一位数学家，他推进了刘徽关于球体积计算的成果,提出了"祖暅原理",这一原理在西方直到17世纪才由意大利数学家卡瓦列利发现。

中国传统数学研究的高峰也出现在宋元时期。这一时期出现了若干著名的数学家和一系列重要的数学著作,其中包括秦九韶及其《数书九章》,李冶及其《测圆海镜》和《益古演段》,杨辉及其《详解九章算法》《日用算

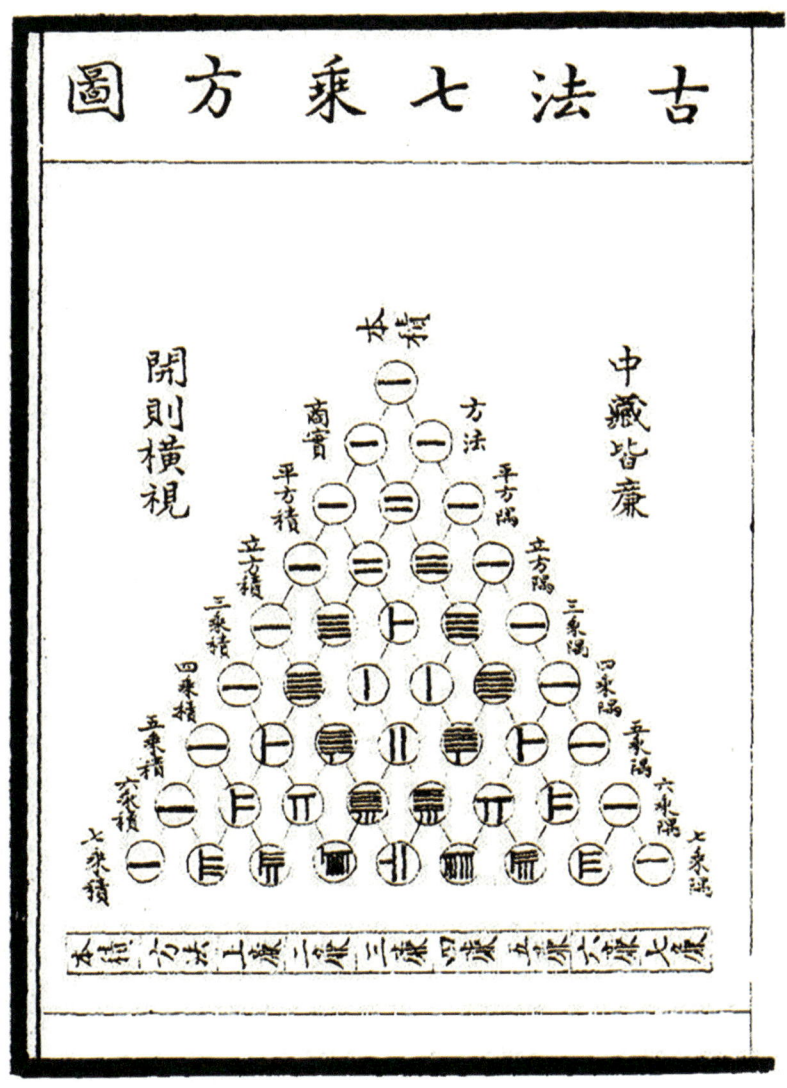

朱世杰《四元玉鉴》中的"古法七乘方图"

法》和《杨辉算法》，朱世杰及其《算学启蒙》和《四元玉鉴》等。秦九韶等人在高次方程的数值解法方面取得了很高的成就。秦九韶获得了求解一般高次方程的一种普遍的数值解法，其演算步骤与 500 多年后英国数学家霍纳的解法基本相同。秦九韶的"大衍求一术"是求解联立一次同余式问题的圆满方法。李冶等发明了天元术，这是一种利用未知数列方程的一般方法。朱世杰的《四元玉鉴》是推广到四元，其中论述了四元高次方程解法（四元术），该书中的"垛积术"得到了高阶等差级数求和问题的普遍解法。《数书九章》《四元玉鉴》等著作不仅是中国数学史上的名著，也是古代世界数学的高峰。

遗憾的是，到了明代，这些宋元数学杰作竟然无人理解。直至 19 世纪西方近代数学的一些成果介绍到中国后，才有人重新发现和理解它们的价值，并形成了清代中晚期的所谓"古算复兴"。19 世纪中后期至 20 世纪初，中国出现了一批数学家，他们对当时所能得到的中西数学知识融会贯通，尤其在幂级数展开式的研究等问题上获得了一些重要成果。但随着西方变量数学等知识在近代的传入，传统数学终于在 20 世纪初退出了历史舞台。

四、炼丹术与火药的发明

中国炼丹术大约起源于战国末期。《韩非子·说林上》提到"有献不死之药于荆王者"，司马迁《史记》记载了秦始皇为求"仙药"而派方士徐福（徐市）率童男女几千人入海求"仙人"之事。汉武帝刘彻因方士李少君的建议，在宫中设立丹灶，从事炼丹，自此炼丹术大兴。道教兴起后，炼丹成为道教的重要方术之一。

中国古代炼丹家主要炼制"长生药"、人造金银等。炼丹术的发展客观上丰富了古人的化学知识，在冶金、制瓷、制玻璃、酿造等方面，炼丹家也有贡献，同时丹药在中国医药学上亦多有应用。但丹药本身也有明显的副作用。炼丹术在隋唐时得到较大的发展，在宋元之后逐渐衰落。

炼丹术的一个意外收获是火药的发明。炼丹家们在长期的炼制丹药过程中，发现硝石、硫黄和木炭的混合物能够燃烧产生爆炸。唐代的炼丹术著作中就曾经对此进行了记载。这说明唐代时，人们已经掌握了制造火药的方法。不过，炼丹家们最初重视的是如何消除燃爆。唐代的炼丹家发明了很多配方来消减或阻止硝石与硫黄等混合时可能发生的爆炸。

到了唐代末年到宋代初年，军事技术家注意到了火药并将其运用到军事上。史籍记载，在904年的一次战斗中，唐朝的地方军队就运用了"飞火"攻城。据研究，这是把火药制成环状，点燃后用抛石机抛掷出去。这是最早的火炮。火药应用于武器的最初形式，主要是利用火药的燃烧性能。北宋前期的军事著作《武经总要》中记录的早期火药兵器，大都是纵火兵器。但随着火药和火药武器的发展，逐步过渡到利用火药的爆炸性能，制造出威力更大的火器。北宋政府在开封建立了火药作坊，先后制造了火药箭、火炮等以燃烧性能为主的武器和"霹雳炮"等爆炸性较强的武器。北宋末金兵围攻都城开封时，宋军使用了"霹雳炮"。金兵也很快学会了使用火药，在后来抗击蒙古军队时使用了"震天雷"。1259年，有人制造出以巨竹为筒、内装火药的"突火枪"。元代时，出现了铜铸的火铳，称为"铜将军"。这些都是以火药的爆炸为推动力的武器，逐渐被运用于战争中。

唐代中后期，硝石由中国传到阿拉伯、波斯等地，因色白如雪，被称为"中国雪"或"中国盐"。到了13世纪，火药、火器随着蒙古军队对西亚的远征，首先传入阿拉伯国家；后来在阿拉伯人与欧洲人的战争中，欧洲人也逐渐掌握了制造火药和火器的技术。火药的发明和传播，对人类文明产生了重要影响，并且影响了世界历史的进程。

五、造纸术

中国古代有发达的纺织业。麻布、丝绸是古代常用的纺织品。丝绸和麻纺织业都是首先在中国发展起来的，因此不难理解造纸技术为中国人首先发

蔡伦

明。因为造纸技术中的关键——制浆技术，就是在沤麻、煮麻的脱胶技术和丝绸生产中的练丝工艺的基础上发展而来的。早在西汉时，中国就已发明了用植物纤维制造的纸。如1957年在陕西西安市郊灞桥的西汉古墓中出土了西汉时的古纸。1986年甘肃天水放马滩出土的古纸碎片，其上绘有地图，纸质较好，其年代大约为西汉初年。到了东汉时，宦官蔡伦于元兴元年（105年）创造了用树皮、麻头、破布、破渔网等材料造纸的制纸新工艺，并且大大提高了纸的质量。用蔡伦的方法造出来的纸，不仅纸质轻薄柔韧、适于书写，而且原材料来源广，便于大量生产，于是朝廷下令在全国各地推广，世称"蔡侯纸"。

中国古纸就其原料来分，主要有麻纸、树皮纸和竹纸等。初期以麻纸为主，后来则以树皮纸和竹纸为主，也有以竹、树皮或麻掺和造纸的，还有用稻草、麦秸等原料造纸的。闻名于世的宣纸是以青檀树皮为主要原料制造的。在蔡伦改进造纸术之后，造纸技术和纸张广为流传。到了魏晋时期，纸逐渐取代了竹简和帛，成为最广泛使用的书写材料，有力地促进了文化的传播和发展。

造纸工艺流程，主要包括原料预处理、浸沤制浆、舂捣打浆、抄造和焙干等步骤。明末宋应星在《天工开物》中对此有较详细的记载。这一工序，历经约两千年，在引进西方近代的机器制纸技术之前，一直没有发生太大的变化。中国古代纸的加工技术也非常丰富，包括染色、施胶、涂布等，技术

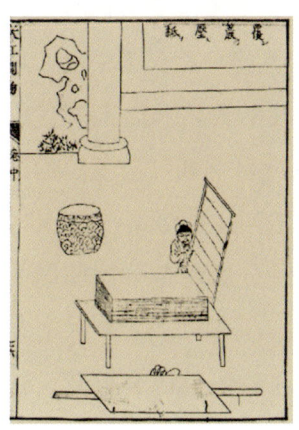  

《天工开物》中的造纸流程图

都很成熟。中国是造纸术的发源地，世界各地的造纸技术都是直接或间接地从中国传播出去的。

六、印刷术

印刷术是与造纸术相关的一种技术，纸张是印刷技术的重要载体，因此印刷术的发明是在纸张普遍应用之后的事。中国印刷术首先出现的是雕版印刷术，这与中国的印章、碑刻拓印等技术有一定的相关性。大的印章其实犹如一块小的雕版。雕版印刷术的发明又与佛教在中国的传播有一定关系，当时佛经的大量需求催生了雕版印书的诞生。据考证，雕版印刷出现在隋至唐初，大约为6世纪末至7世纪初。

雕版印刷有两个主要步骤。第一步是雕版，刻工将木板上的反体字墨迹用刀刻成凸起的阳文，同时将木板上其余空白部分剔除，使刻出的字稍稍凸出，制成印版。第二步为刷印，用平底刷蘸墨汁均匀刷于版面上，再把纸覆盖在版面上，用刷子轻轻刷纸，纸上便印出文字或图画的正像，将纸揭起阴干即可得到印刷品。

雕版印刷是中国古代采用的主要印刷形式。这种技术比较简单，成本不高，一版可以印制数百甚至数千份，基本能够满足人们的需求。五代时，雕版印刷进一步发展，并由官方组织印制了儒家经典"九经"。到了宋代，雕版印刷已广泛应用于各种书籍的印制，除了刊印历代的典籍和名人著述，还雕版印行了一些当时的重要著述。宋代还曾印行过一种名叫"会子"的纸币，它是将几种不同的色料同时上在一块雕版的不同部位，一次印于纸上，达成彩印的效果。宋代还发明了套版印刷，这是一种分版着色分次印刷的方法。

宋代更重要的是活字印刷技术的发明。据沈括《梦溪笔谈》记载，在

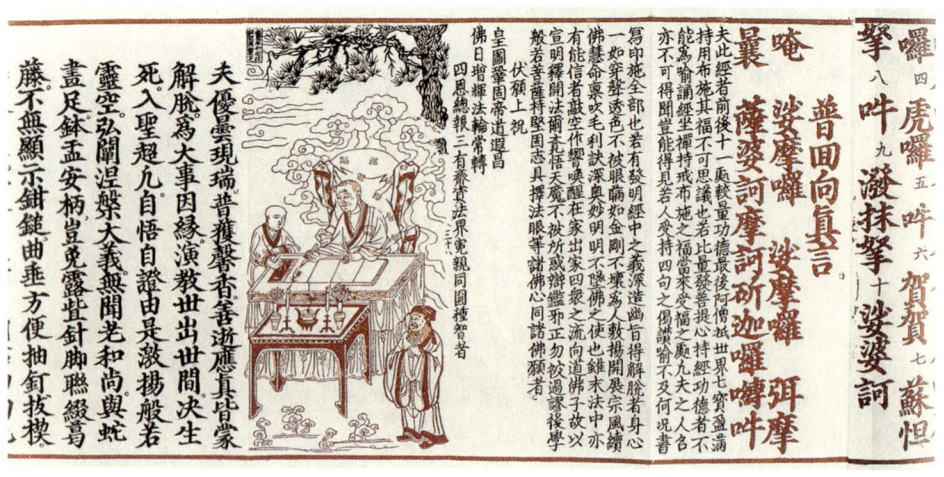

元 朱墨双色套印《金刚经注》

1041—1048年间，毕昇用胶泥制字，经过火烧使之成为陶质后排版，称为"活字"，用活字排版好后即可印刷。这样印版上的字可取下反复使用。毕昇发明的是泥活字，后来又有人制造出木活字、锡活字、铜活字、铅活字等。元代王祯曾制作木活字印书，他还在自己的著作《王祯农书》的末尾细致介绍了他的活字印书经验。但由于活字制作工艺复杂，印制过程也比较复杂，一般的活字印刷品反而不如雕版印刷品精美，因此在中国古代，雕版印刷更占优势，但民间在编印家谱时采用活字印刷比较多。因为家谱往往篇幅不小，印制数量不多，活字印刷的成本就比大量刻制雕版低不少。

中国的印刷术传入了朝鲜半岛、日本以及西方。约在13世纪末14世纪初，欧洲出现了雕版印刷。15世纪中叶，德国人古登堡制造出字母文字系统的活字，此后活字印刷术风靡欧洲，对于欧洲教育的普及、文化的发展及文艺复兴运动，都产生了重要意义。

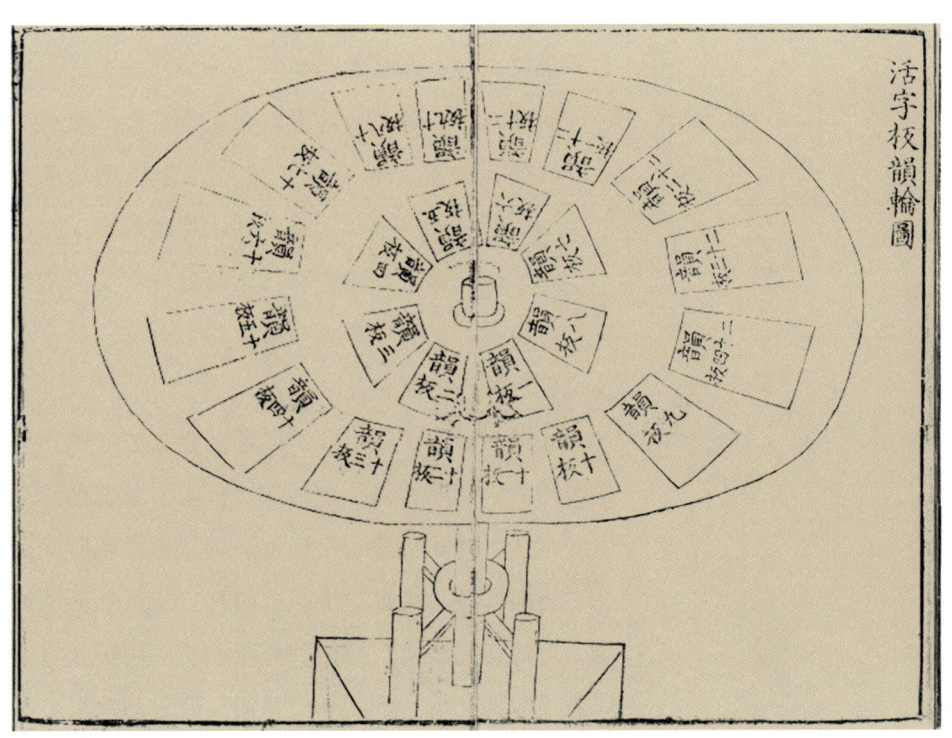

《王祯农书》中的"活字板韵轮图"（转轮排字架）

七、指南针

虽然有学者认为东汉王充《论衡》中记载的"司南"是一种指南工具,但没有实物和其他文献的证据支持。关于指南针及其应用的明确记载,是从宋代开始的。北宋朱彧的《萍洲可谈》记载:"舟师识地理,夜则观星,昼则观日,阴晦观指南针。"沈括在《梦溪笔谈》中有一段更详细的记载,译成现代文,是说:

沈括

用磁石磨针锋,就可以使它指向南方,然而指向常常略微偏东,不完全是正南方。(针放在)水上常摇摆不定。放手指或碗的边缘也都可以,运转速度很快,但(由于这些表面)坚硬光滑,容易滑落掉下,不如悬挂最好。即取新产的丝绵中一缕蚕丝,用芥菜籽一般大小的蜡块粘好,系在针中间处,悬挂于无风之处,指针就常常指向南方。也有将针磨了指向北方的。我家里指南、指北的针都有。磁石指向南方,就好像柏树的树枝指向西方一样,我无法懂得其原理。

这段话介绍了指南针的四种装置方法。第一种是水浮法,将磁针浮于水面进行指南。第二种是指甲旋定法,将磁针置于指甲上。第三种是碗唇旋定法,将磁针置于碗口边上。这两种方法虽然转动灵活,但都容易滑落。第四种是缕旋法,用蚕丝将磁针悬挂起来,可达到转动灵活而又稳定的效果。沈括的记载中还包括了人工授磁方法,以及地磁有偏角存在这一重大发现。

北宋《武经总要》有制作和使用指南鱼的记载，不过指南鱼的磁性较弱，指南效果不是很好。南宋陈元靓在《事林广记》中记载了另一种指南鱼和指南龟的制作方法。指南龟是将一块天然磁石放置在木刻龟的腹内，木龟被放置在一个固定的、可以自由旋转的支点上，木龟可以自由转动，静止时首尾分指南北。

人们还将指南针与方位盘配合，制成了罗盘，以便可以更精确地定出方向。指南针和罗盘到了航海者手中，成为非常重要的导航设备。在指南针出现以前，航海者都是利用日月星辰判定方向的，遇到阴雨天就束手无策了。有了指南针之后，航海的安全性有了根本性的改善。11世纪末12世纪初，进出广州港的中国海船已使用指南针导航。1123年，出使高丽的北宋使节所乘坐的海船使用的是水浮法指南针导航。由于指南针是全天候的导航工具，指南针的运用，开辟了航海事业的新时代。

由于宋代中国与西亚之间海上贸易繁荣，指南针在宋代就传到了阿拉伯国家，后来又传到了欧洲。可以说，指南针的发明和应用开创了人类航海事业的新纪元。如果没有指南针，郑和七下西洋难以实现，15—16世纪的世界地理大发现也难以想象。

第九讲
多姿多彩的中国民俗

一、中国的传统节日概说

中国古代的生产方式以农业为主，因此人们对于季节和气候的变化格外关注。在上古的夏商时代，中国就已经有了比较成熟的历法，大约在战国时期，指导农业生产的二十四节气也已经成熟。这些都为传统民俗节日的产生创造了条件。传统民俗节日的重要特点就是围绕季节的变化而展开。在漫长的历史发展过程中，它们不仅指导着农业生产，而且对民众的生活产生了持久的影响。在经历了整合、丰富以及顺应时代需求的多种转化后，很多民俗节日流传到今天，是人们生活中极富生趣的内容。其中，春节、清明节、端午节、七夕节、中秋节至今仍是最受人们重视的传统民俗节日。

像很多传统节日一样，以上五个代表性的传统节日在各个时代的发展过程中，不仅经历了节俗内容的变化，也经历了历史的变迁。特别是近现代以来，中国的社会变革给传统节日体系带来很大冲击。从1912年开始，中国采用国际通用的公历纪年。1949年中华人民共和国成立后，一开始，传统节日中只有春节有法定假日，休息时间为三天。1999年，国务院修订了年节及纪念日放假办法，决定春节、"五一"劳动节、"十一"国庆节各有三天休息时间。同时由于这三天休息时间可以与前后的双休日拼接，从而可以形成三个七天的长假。2007年，为更加重视传统节日，经过研究和征求各方面意见，国务院再次修订了放假办法，缩短"五一"假期为一天，增设清明节、端午节、中秋节三个传统节日为国家法定假日，各放假一天。于是，承载着中国人文化记忆的传统节日，更加受到了人们的重视，人们也在过节的同时感受着中国悠久的文化，使生活更加有滋有味、多姿多彩。

二、春节

春节是中国人一年中最重要的节日。狭义的春节指农历新年正月初一这一天，广义的春节一般指从农历腊月二十三或二十四（小年），到新年正月十五（元宵节）这一段时间。因为每年的这个时间，寒冷的冬天将逐渐过

春节民俗画

春联与"福"字

去,万物生长的春天就要到来。为了标记这个重要的时间点,古代中国人称农历正月初一为"元日"或"元旦"。"元"有开始的意思,"旦"意思是"天亮","元旦"就是新的一年中第一天的早晨。1912年,中国开始采用公历,并将公历的1月1日称为"元旦",由于农历新年接近二十四节气中第一个节气——"立春",于是就被改称为"春节"。

农作物的自然周期变化,决定了古代中国人对时间的认知方式。每当农作物收割之后,寒冷的冬天就来了;当大地回春之时,繁忙的农业生产就又要开始了。在这期间,选择一个农闲的时间,作为时间的"元点",从旧的一年过渡到新的一年,也就是人们常说的"过年",让时间重新开始,让生活重新展开,这就是春节的时间含义。

中国有句俗语:"有钱没钱,回家过年。"说的是春节时人们最大的愿望就是回家。远在他乡谋生的人们,此时都期盼着回家跟家人团聚。以2019年为例,"春运"期间,中国铁路、道路、水路、民航累计发送旅客29.8亿人次。正因为这个原因,每年春节前后的火车票、飞机票都是最难买到的。春节回家的习俗与传统儒家思想关系密切。早在两千多年以前，儒家学者孟子就提出：天下的基础是国家，国家的基础是每一个家庭，家庭的基础是每一个组成家庭的人自身。可见，在中国的社会组织中，家庭有着最基本、最重要的社会功能。人们习惯于把"国家"看作一个大的家庭组织，而这个大的家庭组织是由无数个小家庭构成的。因此，家庭是中国人的社会空间元点。在春节这个每年的时间元点，中国人让自己也回到社会空间的元点，开始一年的社会生活。这又是春节的另一层含义。

农历腊月三十（或二十九）是除夕，家家要把春联、"福"字贴好，除夕之夜，大家要祭祖、吃团圆饭，晚辈要为长辈守岁祈寿，长辈要给孩子们压岁钱，希望孩子们健康成长。人们还会燃放烟花爆竹来迎接新年。正月初一到来后，家人、亲戚朋友之间会互相拜年，互相祝福在新的一年健康顺利、事事如意。在这些一年一度的仪式活动中，人们感受到辞旧迎新的浓浓的节日氛围和亲人、朋友之间的关爱、祝福，新的一年就这样开始了。

三、清明节

清明节是二十四节气之一的"清明"这天，在公历4月上旬。春天生命的复苏，容易让人有更深切的生命感悟，对逝者的思念就成了这个节日的一大主题。对逝去亲人的追悼是传统中国社会生活中的重要内容。在先秦时代，中国人就有祭祀祖先的习俗。到了汉代，强调"孝"的儒家思想成为中国社会最主流的思想，敬祖是"孝"的重要表现形式，因此人们对祭拜逝去的祖先也就更加重视。这样，为祖先上坟扫墓的风气开始浓厚，到唐代时，它已经成为社会上的一个重要风俗。当时，朝廷以政令的形式把民间的扫墓风俗固定在清明节前的寒食节。后来，寒食节逐渐淡化，扫墓就成了清明节的重要习俗了。人们通过扫墓，向逝去的亲人表达哀思。

但是，春天本不是一个忧伤的季节，万物生长，让人们看到生命的希望。所以，唐代诗人虽然有"清明时节雨纷纷，路上行人欲断魂"的忧伤诗

清明民俗画

句,但是下边一句"借问酒家何处有,牧童遥指杏花村",借助美酒,又把人们带回生机勃勃的人世生活。事实上,中国人在这个思念逝者的节日中,也为生者设计了健身、娱乐的活动,比如荡秋千、拔河、踏青、放风筝、蹴鞠等。通过这些活动,沉痛的心情得到舒缓,身体得到了锻炼。带着好的心情和好的身体,人们又要投入到春天新的劳动和生活中了。

四、端午节

关于端午节的正式文字记载,出现在西晋时候。端午节在发展过程中,还将原来夏至的节俗吸收过来,并按照中国人的习惯,以数字相叠,即农历"五月初五"作为这个节日的日期。

夏至是一年中白天最长的日子。古代中国人认为,这一天"阳气"达到了极盛;过了这一天,白天就渐渐缩短,"阴气"逐渐增强。所以,这时候是阴阳转换的特殊时期,如果人体不能很快适应季节的变化就容易生病,特别是弱小的孩子。因此,这个节日的习俗中就有了一个重要的主题——避瘟,就是避免生病,达到这个目的的方法之一就是保持卫生。人们认为艾草可以防止皮肤病,所以这天很多地方的人会用艾草泡的水洗澡,另外还会在门上挂上艾草驱蚊。还有一种流行的方法是在房屋的各个角落撒上雄黄酒,古人认为这样可以驱邪避凶。

端午节还有两个重要的民俗就是吃粽子和赛龙舟。这两个民俗都跟战国

端午节传统食品 粽子

赛龙舟

时期著名的诗人屈原有关。当秦国的军队攻打到楚国都城，救国无望的屈原在农历五月初五这天悲愤地投江自尽。人们不仅喜爱屈原的诗，而且也为他的正直和爱国精神所感动，知道屈原投江后，大家纷纷划着船，想在江上打捞他，还往江里扔粽子，希望江里的鱼虾不要吃屈原。这就是关于吃粽子和赛龙舟节俗来历的最通行的解释。

不过，据学者们研究，这两种节俗应该还有更深的民俗意义。在4世纪的一本古书中有段话说，屈原死后，有一天他忽然出现了，他告诉人们：大家为了救他扔到江里的粽子被龙偷吃了，为了避免这种事情，可以用五色丝线捆绑粽子，因为龙害怕五色丝线。龙在中国的民俗信仰中有一项特殊的功能，就是"兴云布雨"，而雨水又是农作物生长的重要条件。农历五月正是农作物生长的关键时期，所以及时的雨水格外重要。因此，有学者认为人们向江里扔粽子，把龙惊醒，再划着装饰着龙头的船，在水上行驶，用这种方法吸引龙，让龙仿效着这些"假龙"开始行动，而龙的行动可以带来雨水，这恐怕是吃粽子和赛龙舟习俗在农业社会中流行的一个民俗动力。不过，现在粽子不是扔到江里，而是成了人们端午节时的节令食品。赛龙舟也更多地具有了竞赛、健身娱乐的性质，而且在世界很多地方流行开来。

五、七夕节

七夕节在农历七月初七。关于这个节日的起源,可以从中国第一部诗歌总集——《诗经》说起。

在《诗经》中有一首诗是《豳风·七月》,诗中有一句话是"七月流火,九月授衣",这是对秋季天气变化和人们生活习俗的描述,意思是农历七月天气转凉的时节,大火星开始偏西下,这是七月的天象,此后的九月,人们就要开始做御寒的冬衣了。还有一部传统农事历书《夏小正》,大约成书于战国时代,它记录了农历七月一个重要的天象特征,就是在天刚刚要黑的时候,一颗肉眼很容易看到的星——织女星就在闪耀了。这个天象

清 院本《十二月令图轴》之七月

对古人来说是一个信号,当看到这样的天象时,人们就要开始为织布而忙碌了,因为只有这时织出足够的布,然后制作冬衣,到冬天时才不会受冻。由于古代家庭生产方式一般是"男耕女织",织布、缝衣主要是女性承担,因此民间传说中把织女星看作是天上一位会织布的仙女,她不仅美丽,手也特别巧,传说天上美丽的彩霞就是用这位仙女织的布做成的。

古代七夕节时有个重要的习俗是乞巧,"乞巧"的意思是向织女乞求智巧。乞巧的方法多种多样,参与者主要是女性,她们希望能像织女一样心灵手巧。

关于七夕节,中国民间还有"牛郎织女"的传说,因此七夕节也是一个浪漫的关于爱情的节日。关于"牛郎织女"的传说,我们会在后文讲民间传说时再具体讲述。

六、中秋节

中秋节是在农历八月十五,因为八月是秋季的第二个月,八月十五正在秋季三个月中间的时间,所以叫"中秋"。

这时正是丰收的时节,人们把满月看作团圆、丰收、吉祥的象征。从远古有农业生产活动时开始,中国人在春天农耕活动开始的时候就要举行"春祈",向神和祖先祈祷,希望他们能够保佑农业生产获得丰收,秋天收获农作物的时候,要举行"秋报",用刚刚收获的农产品祭祀神和祖先,感谢他们的帮助,也希望他们能够保佑明年的农业生产。这种"秋报"活动是形成中秋节的文化因子之一。因为在这个时节,古人们要举行隆重的仪式,感谢土地之神、五谷之神,用当年新收获的粮食做成食品,敬献给他们。当然,除了敬神,辛苦劳动的人们也没忘了犒劳自己,犒劳的方法就是一家人一起一边赏月,一边享用香甜的月饼。月饼的形状一般是圆形,象征着家庭团圆、生活圆满。

在中秋节接受人们敬拜的还有月神。在古人看来,月亮是仅次于太阳的

清 孙温《红楼梦图》之中秋夜宴

了不起的神灵,根据它的圆缺变化,人们可以计算农时,所以,它对农业生产至关重要。周代时就已经有了秋分的时候拜月的仪式活动,那时周天子要在春天的早晨拜日,在秋天的夜晚祭月。这说明拜月的习俗有着悠久的历史。古代时,很多地方都有中秋节拜月的习俗,人们在桌子上摆上月饼和新鲜水果,把月神像放在对着天上月亮的方向,点上红色的蜡烛,全家人按照辈分、年龄的长幼,向月亮行礼,然后,人们把月饼切成大小相等的小块,全家人一起分吃月饼,象征着全家团圆。

随着时代的发展,人们认识自然、利用自然的能力增强了,"秋报"的习俗逐渐淡化,拜月的习俗也有了演变。但时至今日,在中秋节望月、赏月、吃月饼,与亲人团聚,与身在远方一时不能团聚的亲人遥寄相思,一直是中秋节重要的习俗和主题。天上的一轮圆月,与远方亲人的思念,也使中秋节产生了无数脍炙人口的文学作品,为这个节日增添了浪漫的色彩。

七、"牛郎织女"的民间传说

民间传说是民众口口相传的民间文学体裁之一。在中国，这类文学极为丰富，它们一直流传在人们的生活中，有的也被记载在文献典籍中。这里讲两个非常有代表性的民间传说——牛郎织女和嫦娥奔月。

传说织女是天上的女神王母娘娘的外孙女，她每天在天上织布，因为灵巧，所以她织的布就成了天上美丽的彩霞。牛郎是地上的一个农夫，他每天在田里耕作，身边只有一头老牛相伴。一天，老牛突然说话了，它告诉牛郎，天上的七位仙女要到河边洗澡，只要拿走一件仙女的衣服，那位仙女就会成为牛郎的妻子。牛郎按照老牛的话去做，果然在河边看到了洗澡的仙女们脱下的衣服。他拿了一件衣服躲藏起来。一会儿，仙女们洗完澡，上岸穿衣服，最小的仙女是织女，她找不到自己的衣服了，别的仙女怕耽误返回天庭的时间，都先离开了，织女着急地哭了。这时，牛郎走出来把衣服还给织女，并请求织女和他结婚。织女见牛郎是一位纯朴、善良的人，就答应了。结婚以后，牛郎每天勤劳地在田间耕作，织女在家织布，他们还生了一儿一

牛郎织女

女，一家人过着幸福美满的生活。

但是，天上的王母娘娘发现织女私自下到人间，并且和人间的凡人结了婚，非常生气，就派天兵把织女抓走了。牛郎非常着急。这时，老牛又说话了，它告诉牛郎，自己就要死了，让牛郎在它死后把它的皮扒下来，披上牛皮就可以追上织女。说完，老牛就死了。牛郎扒下牛皮披上，带着孩子们一起追赶织女。眼看就要追上了，王母娘娘从头上拔下一只发簪在织女的后面一划，一条波涛滚滚的天河出现在牛郎的面前，挡住了他的路。牛郎、织女被这条天河分开了。他们天天思念着对方，王母娘娘只好同意他们在每年的七月初七可以见一次面。从此，牛郎织女一家只能在每年的七月初七相会。传说每到这天，喜鹊们就飞到天上搭起一座"鹊桥"，架在天河上，牛郎织女一家就在这座桥上相会。

据说，七月初七这天夜里，如果在葡萄架下静静地听，可以听到天上的音乐，还可以听到牛郎织女的交谈，有时天上会飘下细雨，那是牛郎织女将要分别时伤心的眼泪。

这个传说在中国流传很广。牛郎织女坚贞的爱情被人们称道和赞赏，他们这种男耕女织、有儿有女、平淡而幸福的生活，也是传统中国社会农民家庭的理想模式。所以，在七夕节的时候，这个传说被一代代的人们讲述着，表达着人们对于坚贞爱情和美好朴实生活的向往。

八、"嫦娥奔月"的民间传说

传说很久以前，天上出现了十个太阳，烤得地上到处都干枯了，人们也热得不行，无法生活。英雄后羿用弓箭射下了九个太阳，拯救了人们。一天，后羿在昆仑山遇到了天上的王母娘娘，他向王母娘娘求来了一种药，这种药吃了可以永远不死。后羿回到家后把药收起来，打算打猎回来后和妻子嫦娥一起吃。但是，他走后，好奇的嫦娥偷偷地先吃了药，于是，她的身体开始向上飘起来，越飘越高，嫦娥非常害怕，也非常后悔，她不忍心撇下后

嫦娥奔月

羿一个人飞到天宫,就选择了离地上最近的地方——月亮,作为她居住的地方。从此,嫦娥就只能留在月亮上,无法回来。在月亮上还有一只玉兔,陪伴着嫦娥。

这个传说在中国家喻户晓,谈到月亮,人们自然地就会想起嫦娥。每到中秋节赏月的时候,人们都要讲述"嫦娥奔月"的传说。不仅很多文学作品里提到了嫦娥奔月的故事,连2007年中国自主研制并发射的第一颗月球探测卫星都被命名为"嫦娥一号",可见人们对嫦娥的同情和喜爱了。

九、中国民间艺术——剪纸

中国民间艺术形式多种多样，它们都曾经或者正在美化和丰富着人们的日常生活。随着时代的发展，有些民间艺术离开了我们的视线，有些则在功能和形式上发生了一些变化。目前，很多民间艺术都被列入国家级非物质文化遗产名录，得到了重视和保护。下面介绍几种比较有代表性的中国民间艺术。

剪纸，就是用剪刀在纸上剪成各种各样的图案。过去每到过年，或者新婚喜庆的日子，人们都会用美丽鲜艳的剪纸装饰窗、墙、门上，渲染喜庆的气氛。

剪纸的图案非常丰富，有各种花鸟虫鱼、飞禽走兽、民间故事等，一般是比较吉利的图案。《老鼠嫁女》就是过去一个比较有特点且有趣的图案。图案上的大老鼠，一只正敲着锣，一只扛着灯，灯的形状正是猫喜欢吃的鱼。长长的娶亲队伍打着旗，敲着锣鼓，吹着喇叭，抬着盛满嫁妆的箱子，热热闹闹地办喜事。骑在驴背上的是"新郎"，四人抬的花轿中

剪纸图案

坐着"新娘"。这情景就像真正的娶亲队伍一样。

传说老鼠一家常年住在阴暗的墙洞里,过着担惊受怕的日子,为了改变这种生活,老鼠父母准备为女儿选择一个有权有势的夫婿。它们找到了太阳、白云、风和墙,但是最后发现自己才是最有本事的。老鼠想:老鼠最怕谁呢?当然是猫啦,所以猫是最有权势的,如果能和猫结亲,还用怕谁呢?于是,就去向猫提亲,猫一听要做老鼠的新郎,便很爽快地答应了。就这样老鼠全家忙嫁妆,选定吉日结婚。新婚这天,一群老鼠吹吹打打,用花轿抬着新娘进了猫家,新娘一入洞房就再没有出来。过了一些日子,老鼠父母去猫家探望女儿,猫告诉它们:"因为怕别人欺负新娘,就把它放在肚子里保护起来了。"老鼠父母一听,吓得抱头便跑。"老鼠嫁女"这个有趣的民间故事,虽不见于古籍记载,但在民间很多地方一直流传。

在中国古代有些地方,人们在春节期间会举行祀鼠活动,也叫"老鼠嫁女",希望老鼠在新的一年中不要出现。例如,在有的地方,在传说中的老鼠嫁女的前一天晚上,儿童会把糖果、花生等放在阴暗处,并敲打锅盖等,为老鼠催妆,第二天早上,大家把鼠穴堵住,认为从此以后,老鼠可以永远绝迹。还有的地方会在老鼠嫁女日很早就上床睡觉,为的是不惊扰老鼠,认为你打扰它一天,它打扰你一年。人们在过年时贴"老鼠嫁女"这个图案的剪纸,是希望老鼠不再出现,家里不会再遭到老鼠的破坏。

十、中国民间艺术——年画

中国传统年画是一种民俗版画,是每到新春佳节时,人们用来贴在门上、屋内等地方的吉祥图画。在过去,年画内容一般有各种欢乐喜庆场景,以及用以驱邪迎福的门神、财神、灶神等。现代年画的内容有了很大变化,一般为秀美的山水、人们的生产生活场景等。人们希望通过张贴年画,增添新春佳节的祥和气氛。

传统年画中,门神起源最早。它是古代时人们用以驱鬼、消灾的一种民间绘画。汉代时，门神上的人物主要是神荼和郁垒。传说上古的时候，有神荼、郁垒两兄弟，他们住在度朔山上。山上有一棵巨大的桃树。每天早上，他们便在这树下检阅百鬼。如果有哪个恶鬼祸害人间，神荼、郁垒就将它绑了喂老虎。因为神荼、郁垒能捉鬼，因此，人们就在两块桃木板上画上他们的画像，挂在院门的两边，希望因为他们的守护，鬼和灾祸都被挡在家门之外，这就形成了门神。后来，门神像被画在纸上。随着时代的变化，充当门神的人物也在不断变化。比如唐朝开始，人们画秦琼、尉迟恭作为门神，他们是人们所崇敬的隋唐时期的著名将领。

在中国，用可爱的娃娃形象作为喜庆、吉祥、充满活力的象征，有着悠久的历史。古代有一幅有名的年画叫"五子夺魁"，画的是五个活泼的孩子争一个桂冠。有个故事说，五代时，有个人有五个儿子，由于他非常注重孩子的教育，五个儿子都通过了朝廷的考试，担任了不同的官职，几个人互相比着得到更高的功名。在古代，人们很羡慕这样的家庭，因此就有了这样的年画，人们以此来表达望

杨柳青年画 母子图

传统年画 琴棋书画

子成龙、家业兴旺的愿望。

新中国成立以后,年画表达了新的内容。比如"五业兴旺"这幅年画表达了人们希望生产发展,农、林、牧、副、渔五业都能取得可喜成就的愿望。很多新的时代故事、人们的生活场景也都成为年画的内容,表达了人们对美好生活的祝愿。

十一、中国民间艺术——皮影

皮影艺术,俗称"皮影戏"或"牛皮灯影"。关于它的记载,最早出现在汉代。唐代时,在都城长安一带,已发展为悬灯隔纸,用纸影和皮影说书。宋元时期,皮影戏已在各地成为大众喜闻乐见的表演形式。明清两代,皮影戏在中国空前繁荣起来,不仅雕绘更加精美,而且剧目也更加丰富。在民间节日、仪式中,经常会在村镇里搭台演出皮影戏。根据不同的需要,会表演不同的剧目,比如小孩出生做满月,演"送子娘娘",老人做寿,演"福、禄、寿三星"戏。中国的皮影戏,还传到了国外。

皮影艺术是一种集造型艺术(剪纸、年画、雕刻等民间美术)和表演艺

皮影 斩颜良（三国故事）

术（戏曲、音乐）于一体的艺术。表演时，由艺人操纵影人、道具，利用灯光，投影在布幕上进行表演，所以有人说这是世界上最早的电影。

传统皮影影人的制作非常讲究。它的材料一般用牛皮、驴皮、羊皮等。皮影老艺人大多经几代传承，制作影人的技艺精湛，经验丰富。一个影人的制作，要经过选皮、制皮、绘画、雕刻、上色、组装等复杂工艺才能完成。由于在平面布幕上演出，只能左右动作，因此影人一般采用"五分脸"，即侧面表示法：一个眉、一只眼、一耳垂，半面嘴鼻一个脸。相应地，皮影的身段一般也用侧面表示法。皮影雕刻用刀，要求刀法流畅，尤其是镂空的面部线条要雕得细如发丝，工艺水平高超。皮影的造型类似民间的窗花，以描绘为主，色彩要求鲜艳透明，以便配合灯光，达到好的演出效果。

像中国其他戏曲一样，皮影戏的人物造型，也主要有生、旦、净、丑几大类。根据人物不同的身份特点，它的眉、眼、鼻、嘴和胡须五个部分会进行夸张。唱腔各地不同，大多与当地的戏曲一致。剧目有很多，比如根据元代戏剧家关汉卿创作的《窦娥冤》改编成的同名剧目，还有根据民间传说

皮影戏演出

"牛郎织女"改编成的同名剧目等。

随着社会的发展,皮影戏失去了传统的演出环境,它的发展面临着严重的危机。从20世纪50年代,人们就开始尝试演出表现现代生活的皮影戏,在演出设备上也进行了改良,希望能使它继续发展。90年代,北京的一些街道尝试通过皮影戏表演,宣传国家的计划生育政策。经过积极申报,2011年,中国皮影戏入选联合国教科文组织"人类非物质文化遗产代表作名录"。希望通过人们的这些努力,可以使这门传统艺术获得新的生机。

十二、中国民间艺术——风筝

风筝的制作起源于两千年前,当时人们用木片为原料制作,所以叫"木鸢"。纸发明以后,人们改用纸来制作,所以风筝又叫"纸鸢"。

传统风筝的图案多种多样,既有燕子、金鱼、龙、蜈蚣、猴子等动物形象,也有人们喜欢的传说或文学作品中的形象,如嫦娥、孙悟空等的形象。

与人们的生活喜好密切联系，贴近人们的生活，正是风筝的艺术特点。

在传统的民间生活中，风筝还有特殊的民俗功能。清明时节正值春天，有的地方称这时放风筝为"放郁"。人们在清明时把风筝放得又高又远，然后剪断风筝线，让风筝随风飘去，意味着把一年中的郁闷之气放走，一年中不生病。也正因如此，这时看到飘落的断线的风筝不能捡，这样的风筝飘落到谁家的房上也被认为是不吉利的。

春天，燕子从南方飞回，报告人们春天来临，它成了春天的一种象征。因此被绘成各种燕子形状的风筝特别多。在中国还有一个古老的神话，有一个住在天上的姑娘，叫简狄，非常美丽。有一天，一只燕子飞到她的住处，下了一个蛋，简狄吃了这个蛋，就怀了孕，生下一个孩子，这个孩子成了三千多年以前殷人的祖先。所以，燕子又和生育、生命力有关。春天正是万物生长的时候，因此，放飞燕子图形的风筝，体现着春的生命力与活力。

在万物萌生的时节，雨水格外重要，所以传说中具有布雨能力的龙也较多地被绘制在风筝上。"二龙戏珠"风筝是由两条龙组成，它们中间是一颗宝珠。在中国人的传统观念中，龙是一种神奇的动物。古代人把龙分为四

放飞风筝

种：第一种是"天龙"，代表着天的更生力量；第二种是"神龙"，是会带来降雨的龙；第三种是"地龙"，负责分派地上的泉水和水源；第四种是"保护宝藏的龙"，它可以保护这天下的宝物。人们认为，龙既然能控制雨水，也就能控制大海和江湖。所以，传说龙生活在海里或江湖里，那里有无数的宝物。宝珠就是其中的一种，据说宝珠可以使脏水变成清洁的水。水对春天农作物的生长非常重要。因此人们在这时候放飞"二龙戏珠"风筝，希望风调雨顺。风筝不仅寄托着人们的希望，也是农耕文化的一种表现。

现在在春天，人们还会到郊野里去放风筝，作为郊游踏青活动的一部分，锻炼身体，开阔心胸。有的人也会带着自己制作的风筝，去展示自己的创作和放飞技术。

说明

为展示中华优秀文化，本书部分照片从有关书籍中选取，我们与照片的作者进行了广泛联系，得到了他们的大力支持，在此表示感谢！但仍有部分照片作者，因联系方式不详，未能联系上。烦请各位有著作权的作者与我们联系，以便支付稿酬。谨致谢忱！